U0569566

《浙江省立甲种商业学校校友会杂志》选辑

宫云维　选编

浙江工商大学出版社 | 杭州
ZHEJIANG GONGSHANG UNIVERSITY PRESS

图书在版编目(CIP)数据

《浙江省立甲种商业学校校友会杂志》选辑 / 宫云
维选编 . — 杭州：浙江工商大学出版社，2021.4
ISBN 978-7-5178-4297-2

Ⅰ . ①浙… Ⅱ . ①宫… Ⅲ . ①高等学校－期刊－选编
－浙江 Ⅳ . ① G648.455

中国版本图书馆 CIP 数据核字 (2021) 第 022089 号

《浙江省立甲种商业学校校友会杂志》选辑
《ZHEJIANG SHENGLI JIAZHONG SHANGYE XUEXIAO XIAOYOUHUI ZAZHI》XUANJI

宫云维　选编

责任编辑	范玉芳　谭娟娟
封面设计	林朦朦
责任印制	包建辉
出版发行	浙江工商大学出版社
	（杭州市教工路 198 号　邮政编码 310012）
	（E-mail：zjgsupress@163.com）
	（网址：http://www.zjgsupress.com）
	电话：0571-88904980，88831806（传真）
排　　版	杭州彩地电脑图文有限公司
印　　刷	浙江全能工艺美术印刷有限公司
开　　本	710mm×1000mm　1/16
印　　张	18.75
字　　数	248 千
版 印 次	2021 年 4 月第 1 版　2021 年 4 月第 1 次印刷
书　　号	ISBN 978-7-5178-4297-2
定　　价	79.00 元

版权所有　翻印必究　印装差错　负责调换
浙江工商大学出版社营销部邮购电话　0571-88904970

前 言

　　本书是浙江工商大学校史资料丛书之一种。

　　浙江工商大学的前身是创建于1911年的杭州中等商业学堂,由杭州高等小学堂改设而成,首任校长是郑在常先生。1912年4月,改归省立,易名为浙江公立中等商业学校。1913年,依《实业学校令》,更名为浙江省立甲种商业学校。1915年,学校成立校友会,以闻声气,通消息,培养新知。1916年,校友会以师友所闻、所得,汇集成文,以交换知识,发扬校风;又旁及诗词、歌曲等,以作为陶泳性情之助,编辑成册,为《浙江省立甲种商业学校校友会杂志》(以下简称《校友会杂志》)。从1916年开始,《校友会杂志》每年编印一期,到1920年,共出刊五期。

　　《校友会杂志》是集学术、时闻、学校纪事、文艺、商业常识等于一体的综合性杂志。每期设有毕业训词、论说、学术、文艺、校闻、纪事、调查、英文、科学、杂俎、附录等,记录了学校的办学宗旨、定位、日常运行、教学管理,以及教师、学生的学术志趣、文体活动、社会活动等。其中的附录部分,则详细记载了历年教职员工、在读学生,以及历届毕业生的姓名、籍贯、住址(包括通信地址)、毕业去向等,是研究浙江工商大学校史极其珍贵的历史资料。

　　自1840年鸦片战争以后,中华民族饱受帝国主义列强的蹂躏,兴办商业学校,研究商业学识,培养商业人才,成为一代有识之士教育兴邦、实业救国的理想。浙江省立甲种商业学校就是这一代人实践其理想的园地之一。他们关于时局，关于国家，关于商业及商业教育的思考，被忠实地记录在《校友会杂志》及同时代的其他报刊里。从这个意义上说，《校友会杂志》的价值，已经超越了一校、一地，具有重大的时代意义。因而，《校友会杂志》也是研究晚清民初浙江，乃至中国商业教育史的重要资料。

2021年是浙江工商大学建校110周年。为庆祝浙江工商大学110周年华诞，我们从《校友会杂志》中选取了部分有学术性、时代性，能反映我校校史沿革和办学特点的内容，按照原《校友会杂志》分类与期数重新编排整理成本书。原《校友会杂志》系繁体竖排，为了阅读的方便，我们参照2013年语文出版社出版的《通用规范汉字表》对其中的繁体字、异体字进行了简化，改成简体横排，并加以通用的新式标点。书稿基本保持了原貌。限于水平，本书难免有所错误，敬祈广大读者斧正。

本书在编选和出版过程中，得到了浙江工商大学李军副书记、方向明副校长，原浙江工商大学任志国副书记，以及浙江工商大学党委宣传部张东副部长、沈笑莉老师，浙江工商大学出版社鲍观明社长、郑建副总编辑、范玉芳编辑的鼓励和支持，谨致以深深的谢意。

宫云维

2020年10月30日

目 录
Contents

调　查

纪　事

附　录

毕业训词

省立甲种商业学校本科第二次
毕业训词

在昔太公立圜法而商以裕，管氏著府海而商以通。春秋之际，晋、郑大商蔚于列国，吐词有则士大夫或所不及。迄于战国，陶朱、计然之徒，挟商以致通显，且垂著述。汉之盛也，盐铁筦算，即商即学，于是商学之振，可以富国，可以足民，可以荣身，可以攘变。是商之有学，非自今日始，更非自重洋所灌输也。

我浙之有商业学校，于今五年，毕业二次，诸生蓄其懋迁之识，供求之方，操奇审赢，烛照数计，将来出所蕴以谋实业，以拓远猷，夫岂仅竞胜于五都之市？实将握算于五洲之场，以为中国商业前途光明，本巡按使不胜盼祷。及之比者，雍容一堂，舒翘选秀，躬瞻毕业盛仪，有不能以一言为诸生勉？

夫顾名思义，前人所云执业不渝，古经所奖商而曰业，望文生训，度不过与农业、工业等。而本使以为业之属商者，尤较重于他业。何言之？"富有之谓大业，日新之谓盛德"，《大易》著之矣。《易》之言曰："（神农氏）日中为市，致天下之民，聚天下之货。"此商业之先河，亦商学之初祖也。神农氏致民聚货之商学不可知，而"富有""日新"为《大易》之言，盖隐然以"盛德""大业"为当时之巨商勖勉矣。不宁惟是，周公之谋国也，凡政之属商者，大都首列天地两官，"质剂"也而民讲信，交易也而民通财，牵车服贾也而民有四方之志，土物心臧也而民有爱国之思；营国于中，列市于旁，三朝三市，市之与朝等重，即商与士并尊也。抑周公谋国之商学不可知，而《周官》商政散见于三百六十属中。市有长，廛有肆，日有会，月有要。器勿安于旧也，必精且良；利必普诸久也，必闳且大。要亦以"富有大业""日新盛德"为周以来之巨商勖勉矣。

大业维何？学是也。汉以前之为商者悉有学，故商市列于朝端；汉以后之为商者多无学，故工商黜于末等。迄于今，凡我毕业诸生，则咸有学矣。举所谓商业政策、商业地理、银行簿记、统计经济，以及外国语言文字、中西算术，枕葄有素，扩而充之，专门名家在是矣。顾专门名家，驰誉商界，皆诸生将来自有之荣，无烦本使预勖，今即以"大业""盛德"卜诸生将来之荣誉，则进而陈商德可也。

商德又维何？信用是也。信用在人，如身之有脑，四肢百体，皆资以运动；如木之有枝，敷英布叶，皆资以滋长。"人而无信，不知其可。"商业机关，此为特重。保信用而以伪杂真、以良屡楛诸流弊，自尔净绝；保信用而影射饰戤、冒滥充数诸短计，自尔羞施。诚孚万里，期克崇朝。商旗耀乎圆舆，商律垂为彝典。盛矣哉！抑商，公利也，而有私德，故必商德裕诸己，而后可以言商才，而后可以决商战。否则，无德之才，比技辄穷；无德之战，交绥必败。持此以与欧美相抗衡，奚其可也？故讲求商德，实今日之要图。

语云"进德修业"，非仅为商学言也而已，括商学之全，悬之国门，无异词焉。诸生学业裕，如全国之商务，吾浙之商群，皆惟诸生以盛德大业为"富有""日新"之基础。将来富有万有，日新又新，微特太公九府之财可以裕，管氏三归之台可以升，即周汉重商诸政，并上而溯神农氏，致民聚货之盛轨，亦可于诸生之学发挥而光大之，为我国家致富庶之隆也。诸生勉之，本使企之。（录自第一期）[①]

屈映光

---

① 录自《浙江省立甲种商业学校校友会杂志》第一期，以下称录自第几期均录自该杂志。

省立甲种商业学校本科第三次毕业训词

省立甲种商业学校本科学生今日举行第三次毕业典礼，甚盛甚盛！公望牵于职务，不克躬莅，委托沈钧业君来与礼席，用属以公望勗望诸生之意旨，正告于诸生。

今立国于世界，舍法治外，国民之所托命，惟教育与实业二者而已。然教育与实业，分析之则为二事，实则如环无端，相为表里。盖国无教育，则实业无从发达；国无实业，则教育无从扩张。诸生今所肄习之商业，虽仅属实业之一部分，所愿群策群力，本其所学，振兴物产，导扬国光。况近今之言商业，当注重于对外贸易，我国商人道德尚信而尊勤，久为世界各国所称道，此非一时社会趋向之所养成，实为我国民族最可宝守之根性，果能辅助以国家思想、世界眼光，则我国商业前途，当有左右世界之能力。此公望矫首企踵，所属望于诸生者也。

公望更有简单之问题为诸生告：经营商业之方法，无慑于大，无忽于细。何谓无慑于大？譬如设一公司，投资巨万，用人千百，若以素乏经验之人遽而任此，支配失宜，固虑偾事。但能先事调查，再作规划，以公司律为法律之保障，以董事会为职权之纠正，博采众论，一致进行，则事事可循轨道，事事可立基础，信用日著，名誉日起矣。何谓无忽于细？现今外货输入，漏卮日深，就家人日用而论，一镫一盂，下逮针镂之细，无不取资于舶来品。循此以往，自造物品以用者日稀，恐渐归于澌灭，故改良国货为目前补救之第一策。诸生毕业以后，自应投身商业，为社会之先导，则当注意于此。凡家人日用物品，尤应日谋改良，不可以镫盂针镂，费赀无几，不急自谋，终落人后。

以上二端，虽为简单之问题，果作推演之观念，即诸生他日作他种之事业，亦顾时时一念鄙言也。至于教育、实业，相辅而行，此当相引以为职志。诸生今日毕业于学校，已受教育之大益，幸无忘公望今日之为诸生告者。顾共勉旃。（录自第一期）

吕公望

省立甲种商业学校本科第三次毕业训词

十年以前，吾国固有之商业，常足以保持其原状，或且扩达之。欧美人觇吾商者，窃评叹曰："中国商人经营之能力，殆出天性。"国人以其言足信也，遂自信于积倍坐贩之学，洒洒然无所用其裁引。曾几何时，向之操奇居货者，皆仰息承气于欧美人之下，而奸伪者流，且以物窳品戾见屏于人迹，其弊害固由于工业之不良，探厥本根，都由于商学之不讲。今日诸生于阜通经济之学，以至度量质剂之事，皆餍习之，砻冶之矣，则将来吾浙、吾国、吾国外之商业，光辉笃实，于诸生有巨大之责望，诚不待言。

顾商无常态，即学无止境。唯其无常态，无止境也，故今日与诸生相晤一堂，不得不竭尽一词为来日实行之助。诸生亦知商业所以为守者，全属信用乎？《周礼·地官·司市》十二之禁，以"结信"为其主，司马迁所谓无信不立，无信不行者。是就浙而论，前此，茶叶因掺饰之故，已失信于外贾。夫一商不信，其害及于全业之商；一业不信，其弊中于全国之业。陈列也，会赛也，标告也，虽皆以征信也，然而后此操纵保宰者，实系乎得有商业学识之人信与不信。

诸生又知商业所以竞争者，乃贵合群乎？管子之治齐也，萃四民而州处以相辅，教以成其业，郑司农谓为"同货财"。彼英商之超越各国商人，其共营贸易为公司者，几一万八千余。德商之为是也，亦得英四分之一而强。英商群之能力至乃搏五印度而下之，德商群之能力至乃放五洲而尊之。日、美崛兴，放仿加厉，欧战以来，功绩尤伟。而吾国之商，其强者挤夺相寻，势归垄断；弱者侵亏私计，末逐锥刀。守成者既行素自安，始创者又运行乏术，市廛謷謷，闻之欲痗，则后此网络合澈敝罔傃燷者，又皆在于得有商业学识之人能群。

诸生亦知今后之商业所以求生存者，惟出于忍耐乎？因朝益而夕损，乃昨市而今休。甲失败矣，而乙即视此业为禁脔，盖徒视也，而不研求其失败之由；甲失败矣，而甲亦自认此业为磨蝎，盖徒认也，而不纠改其失败之点。斯以无忍心，故乃至并失败之。研求失败之纠改，悉弃除之。探其病源，无商学之知识，故无此研求、纠改之毅力，故无使所业振作之希望。白圭治产节忍，能诎伊吕之谋；辛跰居商久蓄，致启陶朱之策。诸生前此求学，无忍耐心，将不能毕治所业，则诸生后此营商，复乌能无忍耐心以辅成其所业？故今后吾国商业之维持发展，犹必须得有商业学识之人，于能信能群之外，而加以能忍。

鄙人久历南洋，国外贸易略识其情，知不学不足以为商，且知不信、不群、不忍复不能昌明商业。今值诸生学成之日，心危掫发，不觉烦多。诸生勉之，诸生识之。一得之词，毋为河汉。（录自第一期）

王文庆

省立甲种商业学校第四次毕业训词

昔《周礼·太宰》"以九职任万民"，"六曰商贾，阜通货贿"。"司市掌市之治、教、政、刑、量度、禁令。以次叙分地而经市，以陈肆辨物而平市，以政令禁物靡而均市，以商贾阜财而行市，以量度成贾而征价，以质剂结信而止讼，以贾民禁伪而除诈，以刑罚禁虣而去盗，以泉府同货而敛赊。"所以讲商学，励商才，勖商德者，靡所不至，故交换货物，调剂金融，使国家及社会上供给需要，各得其平，厥赖商业。计然治吴，不韦霸秦，皆以商人兼并之谋为恢拓国家之本。沿及流风，至于桑孔，尚以商学而取济军国。昔者，乌倮得戎王之财，而秦皇封之，非封其富也，诚以戎之财入于中国，则戎之命脉操纵于中国之手而不敢动耳，故其功无异克敌而战胜于无形。是故，商业发达则国恒富，商业窳败则国恒贫。

然欲商业之振兴，必在商才之丰富。诸生在校四年，研究学科，矻矻孜孜，以有今日，本省长甚为欣慰焉，顾欲进言为诸生勖者。盖修业期间，虽云结束，劳苦所得，以商学为最繁，而商才、商德恐未尽及。诸生来学，志在商人，今日学成，出营商务，人必有宗旨而后有事业，勿出位而谋食，毋一得以自矜。况自科学发明，交通利便，生产之技术进步，商品之种类日增，经济状态、物价变动日趋复杂，苟非于商业学术以系统的研究，用专精之考查，运娴熟之技能，才具短绌，必不足以言振兴。诸生既受商业教育，宜于此三致意焉。

我国旧商常重经验而轻学问，故操奇计赢以外无心思，投机垄断以外无事业。其结果，则利于个人者固多，而影响于国家者甚少。诸生将来立足商界，应存国家观念，就社会事业着想，务须力矫旧习，因商才以利用商学，则庶几矣。更有进者，商业以道德为重。夫道德二字，固师长平日所训勉于诸生者，原无烦赘述，但知之匪艰，行之惟艰。近来商德日见退化，柏油裹水，茶叶染矾，棉花灌以沸汤，大黄必有虫蛀，其为商会所屏弃，或受海关之苛罚者，数见不鲜。一人营私，国家失体，虽由习惯使然，亦商人之厌弃道德有以致之。

西儒孟德斯鸠有言：民主国之元气在道德。是道德无古今，无中外，无国体之殊，无事业之分，人人皆当遵守奉行而视为圭臬者。海通以来，国际上之商业可谓盛矣。昔拿破仑见轮船游于湖滨，叹曰：天下大势，从此合矣。诸生者，力能合天下之一分也。自今以往，力加懋勉，期为社会所敬重，以爱个人者爱国家，而毋负诸师长之教诲。予日望之矣。（录自第二期）

齐耀珊[1]

---

[1] 此系编者所加，原稿作"齐省长"。

论
说

经济与土地军备法制之关系

今有善医者焉，其于肠胃症结、疮痈肿毒之疾，须下吐泻割剖之功，若徒日进参苓，则其疾未有不日剧而月甚者也。夫参苓固良药也，但未究其源而施之，无异被绮罗于水母，施金鞍于驽骀哉。不但医道为然，而经济亦未尝不然也。彼经济固为国家强弱之枢纽，人民贫富之基础，若不揣底蕴，徒袭皮毛，又何取焉？《诗》曰："天生烝民，有物有则。"非是故欤？经济之发达与否，天然、人为等原因皆自相联络，而有不可须臾分离之势。谨述其相关密切者于左。

一、经济与土地之关系

土地者，国家统治权所及之范围也。视土地之位置形势，可察生产力及文明程度如何，而生产文明与经济有直接之关系，故土地与经济有间接之关系焉。再分述之于下：

（一）土地与生产力之关系

土地者，生产三大要素中之一也。从事于生产，必有广大之土地而后可观。土地之大小可察包藏物之多少、人民之众寡，视山林、平原之孰多孰寡，可辨物产之种类、交通之便利与否，故察土地之形势可定国民经济之方针。但其中尚有天然（气候、地味）、人为（耕耘、肥料）等原因为之消长。若气候，足以养成动植物生殖力之强弱。盖动植物以热带为繁殖区域，顾热带人民性质不思进取，无经济竞争之观念，故以温带为宜。温带多温、热二气，能和合以肥其地。地味既肥，若再竭力研究人为之条件，则生产丰富；生产既丰，则经济自能发达矣。

（二）土地与文明之关系

土地与文明之关系，犹肉体与精神之关系，有健全之身体，始有强壮之精神；有优美之土地，斯有文明之历史。而文明与经济亦有密切之关系焉，故欲求经济之发达，而文明亦其一端也，但其中尚有天然状态为之调剂。夫气候不宜，则人民之身力、脑力受天然力之束缚。如过热，则精神昏沉，不能与天然力相敌；过寒，则精神憔悴，天然力剧烈，欲与敌而不得。且热带谋生太易，寒带谋生极难，皆使人民养成怠惰之性，无进取思想，故以温带为优。温带则寒暑适中，物产丰富，若施少劳可得报酬，否则不能聊生，致人民易起经济竞争之观念。至于地位，可分三级，高原、平原、海滨是也。高原之文明自不可言，如我国之蒙古，虽有成吉思汗辈崛起于其间，至今终形浑噩。平原则河流交灌，文明烂然，如我国本部各省是也。至于海滨，则为文明荟萃之区。德儒黑格尔曰：山势使人离，水势使人合；山性使人塞，水性使人通。合者，交通便利也；通者，文明也。其地人民既文明，则无生命自由之忧，而财产心发达，交通便利，则商业兴盛。若是，则经济发达矣。且海能使人养成进取冒险之雄心。陆居者常怀故土之思，而航海者则以财产为孤注，冒万险而一掷，筹算计赢于海外。如我国及日本，种族同也，而其风气则不同，曰：惟海岸线长短有以致之耳。

二、经济与军备之关系

各国之汲汲乎军备者，为经济竞争也。其国军备不足，则其国经济不发达；其国经济困难，则其国军备亦无由而强。故求经济发达，须求军备大增，非有充实之军备，定不能成其发达之经济也。是以兵赖乎商，商赖乎兵，兵、商互相为用，斯成世界经济之竞争。

经济学家云：资本、土地、劳力三者为生产之大要素。其资金须求敏活，不虑其巨。土地求广大，且滨海为主。今日科学发明，制造业发达，交通机关林立，而资金不可谓不巨且敏活矣。资金既巨且敏活，则生产丰。然无广大之土地，则供给必过于需要，而货物停滞，经济大受其影响矣。于是，不得不乘风鼓浪，求新市场、殖民地于海外，但须求保护之者。其所以保护之者，须求航海路安全；欲航海路安全，舍设海军根据地外而未由矣。如我国之旅顺、大连、威海卫、香港等处，我国弃之如草芥，而英、俄等国则唾手可得太平洋航路之海军根据地，倾资金于我国，使我国人处彼经济之下，岂不痛哉？

三、经济与法制之关系

生命、自由、财产三者，为人生之大欲望也。猛兽在前而懦夫奋斗，为生命心使然也；加之以非礼而弱者抉眦，为自由心使然也；日夜勤劳而积锱铢，为财产心使然也。但三者关于人身有轻重，故爱之之阶级亦不同。蛮貊之邦，人民自保其生命之不暇，则自由财产之心轻。法律定则无生命之忧。至立宪成立，则人人各有自由权。既无生命、自由之忧，则专注乎财产。如十九世纪，欧美为政治竞争时代，至二十世纪则变为经济竞争时代。而我辈谓十九世纪以前为生命心发达之时代，十九世纪为自由心发达之时代，十九世纪以后为财产心发达之时代，未始不可也。今日各国民刑诸法，井然有条，立宪政体，显然颁布，各人皆在法律范围内保生命自由之权，于是皆注重乎财产。然而人人但知财产心之发达，而侵犯他人之自由财产，则必至于冲突，故须定正当之范围，而免其冲突。是以法制之大半，均与经济有密切之关系。至于银行，国家定法律以限制之，以避免地方之恐慌。盖银行者，为活动资金，利用游费，节省商工业之劳费，投放资金适当之地方也。挹彼注兹，盈绌赖以相补；集腋成裘，商工沾其厚泽。苟资金不足，则纸币逾于资金，以致闭业，惹起社会之恐慌，而经济大受其影响矣。故法制对于资本金、公积金等，皆加以限制。此外，如民法中之债权、物权、契约等，皆与法制息息相关。斯法制之大部分，含有经济之理由也。（录自第一期）

王载彤

银行与社会之关系

读叙利亚、腓尼基、巴比伦及雅典、罗马诸国之商业史，于古代已有银行业之发现，唯其所行事业，仅类今日银行之一部分，故不得以银行称。至一千六百九十四年，英国经政府之许可，创立英格兰银行，具有独占发行纸币之特权。普通银行纸币之发行，有加以种种限制之能力。至其经营手续，虽不能如今日之完善，然亦大有可观。故定银行之起源，自十六世纪之末叶始。然此为银行之沿革，而非与社会关系之所研究。但既欲研究其与社会之关系，亦不得不知其起源于何时，故略述其梗概耳。

夫银行者，立于资金之需要者与供给者之间，吸收一方之资金融通之于他方，一国之金融藉以流通而不滞，故银行对于社会有莫大密切之关系。分而论之，凡有五端：

社会之中，有具极大之现金，恐其投放之不当，为债务者所倒欠，故所有资金多死藏于家。将有用之物，置之无用之地，惟银行能收此资金，代为贮藏。如有欲营事业而缺资金者，即以此款贷而与之，庶几资金运用，两得其宜，既无死藏之虞，兼有佐助营业之功。此其有关于社会者一也。

今日之社会，乃经济社会也，产业之兴办既多，物品之消费亦盛。唯其消费盛，故兴办不得不多。然事业之经营，物品之生产，非有资金不为功，而欲增加资金之供给，为今日之所难。银行一业，虽无直接增加之功，然能挹彼注兹，有间接增加资金之效用，以使周转灵通，产业发达。此其有关于社会者二也。

　　商人之中，有需要商品而苦于金钱之缺乏，有富有商品而苦于过问之无人，以致两不相投，受非常之损失。银行因营贷款贴现之业务，缺少金钱者，持担保物品，得向之以借款；富有商品者，售出时所得之期汇各票，得向之以贴现，使各种商品皆得自由移转，能以适当之时、适当之地，而行其适当之交易。于是，商品之需要者与供给者，皆无不利之虞。此其有关于社会者三也。

　　银行能为顾客代收票款及货银，并代存主支付支票所记之银数，故顾客费用因之得以减省。若无银行之为业，则顾客之货币及票据，皆须自为保管，自为收付，其劳烦为何如耶！且工商业规模宏大者，势不得不多雇人员，以办理收支之事务，而费用即因之增大矣。利用银行之时，即得费用之节省，并除手续之烦劳。当支存相抵有余之际，复可得相当之利息（随支随存，必为往来存款。欧美无利息，我国今日则有之）。由此以观，与银行相往来者，其得利诚非浅鲜。此其有关于社会者四也。

　　社会愈文明，则商业愈发达，则其所行之交易必巨。所行之交易既巨，则其授受之数必大。目下世界，日进文明，商业极一时之盛，其授受之数之大，自不待言。如以极大之数，而以实货（实货指实在之货币而言，如我国银币之类）为授受，势必多费时日，兼受移搬之劳。而银行则许往来存款之存主发行支票，存主当付款之际，得以支付之数填于支票之上，使银行代为支付，授受既易，时日又省；且得自由伸缩，随货币支付之多寡，以增减数目之大小。此其有关于社会者五也。

　　其银行之有关于社会，既如此之密切，则一般世人，宜如何珍重之、利用之？乃我国自银行开设以来，其营业之发达，首推国立之中国银行。该行之公称资本金为六千万元，实付资本金为一千万元。据民国四年报告，贴现汇兑，固无论矣，而存款总数，亦不过八千余万元而已，较之欧美，相差悬绝（英格兰及威尔士之私立银行，一千九百十一年六月，各种存款占总资金百分之八十九；美国之国立银行，一千九百零七年，公私存款占总资金百分之七十九；德国柏林之六大银行，一千九百一十年，活期存款占总资金百分之六十九）。且国家公款居其多数，是亦未足称为发达也。

嗟乎！银行所以不能发达者，系国民不能利用所致。凡我国民，其速利用之毋忽。要知银行之发达，利关社会。利关社会，即利关吾民。（录自第一期）

金荣泰

振兴商业之管见

民智日巧，世局日新，前千年梦想不到之商战，于今见矣。夫兵战至烈也，弹雨枪林，虫沙猿鹤，存亡乃在一刹那间，然综览泰东西各国，亡于兵者盖鲜，亡于商者则比比也。印度也，波兰也，越南也，朝鲜也，其孰亡之？商亡之耳。我国自古轻商，抑之于四民之末，唐宋以还，往往设政病之、耻之，以不得服帛乘车，因循至今，不知补救。

呜呼！黄河一泻千里，莫可挽回矣。茫茫禹甸，莽莽神州，徒为碧眼黄须儿牟利之场，披发祭于伊川，不及百年，此地其为戎矣。嗟吾商民，能忍心坐视耶？虽然，以往不谏，来者可追。雄心未死，猛挥落日之戈；壮志竟成，试塞冤禽之海。娲皇尚能炼石，愚叟终得移山，有心救国，何惮身殉哉？兹择其要者以告我同志。管窥蠡测，或有裨于万一乎。

一、须研究商业学识也

二十世纪末叶为世界商战剧烈之秋，而孰优胜孰劣败判然矣。考泰西各国之所以胜，我国之所以败，无他故，学识有无耳。夫商学岂易言哉？设之以专科，稽之以朝夕，使法律、银行、簿记各种观念储之脑海，益以需供之理、竞争之术，于是乃能操胜券以左右世界。我国商业散见经传，范蠡、管子、计然、白圭之术，庶近乎是。迨后贱商之风起，逐末之说行，商战日就湮沦，商人日趋卑鄙，一落千丈，莫知自振，惟有俯首帖耳，牵制于外人。后此何如？正堪预卜。吾民不恤中邦则已，恤中邦，惟有研究商业学识为第一要务。

二、须振兴工产品也

工与商有直接之关系，工不振，则商不兴，人所共知也。我国工业极为幼稚，谓之无工业也可。试观舶来物品，其原料大都输自我国，乃精制之以吸吾之财，良以彼国工业发达，意匠奇巧，足以引起人民之购买力；我国则泥古蹈故，不知精益求精，以致一蹶不振。试就陶瓷器及棉织物而论，陶瓷器乃我之特产，今则衰落矣。棉织物亦为我国主产，今则式微矣。家常一切需用者，一取诸外人，其故何欤？非工业不振，曷克至此？我同胞其三注意之。

三、须振兴农产品也

农产品之振兴，亦为振兴商业之间接关系。农产品有使人不可一日缺之能力，如米、麦、豆、茶、棉、桑、麻等是也。假是等产品不力事改良，使其趋于衰落，势必致输入超过输出，而漏卮启矣。他如草木各属，皆为工业之原料品，能使己国原料品增加，则影响于工业界甚大，盖生产费有趋于最低倾向也。我国自古以农立国，茶、丝之产，甲于全球，乃因不事改良之故，茶则陵夷于印度，丝则压迫于意、法。原料品之于工业，则更无论矣。呜呼！利源外溢，金融日紧，读斯密·亚当之《原富篇》，不觉悚然矣。

四、国家须特别保护奖励也

商业关于国家若是其大，国家之对于商业，安得不希其发达，使商人得尽试其技能，以与寰球抗乎？欲达此目的，将用何术？曰保护，曰奖励。

一免税。本国制造品输出之免税，他国原料品输入之免税，或戾税是。

二设防。设海陆防以安商民。

三立法。国内商人立各种法律以保护之，侨居商人（本国侨居外国者）于国际订立条约以保护之。

四重税。各国精制品之输入，与我国原料品输出，宜课以重税。

五、须改钱庄为银行也

银行为全国金融机关，操金融界生死之权，利息之高低、金融之缓急，均受其支配。防遏恐慌，流通证券，亦以银行为衡，其责任亦重矣。我国素无银行，操金融之权者，厥惟钱庄。但钱庄之组织简单，调和金融之能力薄弱，近于投机之性质，种种劣点，前人论之备矣。以风雨飘摇之钱庄，而付与金融界生死之大权，岌岌乎危哉！然改钱庄为银行，亦非难事，当事者盍无图之？

六、须设调查机关也

夫商战犹兵战也。知己知彼，百战百胜；知己不知彼，胜负半之；不知己而并不知彼，负矣。故商战必须查彼处之商情，察己处之商情，揆之以需供之理，然后肆其竞争之技能，是胜矣。知己不知彼，近乎亿中胜负，未可必也；不知己不知彼，而率尔操觚，其败宜矣。故须设调查机关，使商民得以顾问，则需供趋于平，商业以兴焉。

七、须注重道德也

商业之盛衰，道德与焉。商人道德高则讲公益，重信用，不斤斤于不义之财，于是始能见重于各国，商业以之蒸蒸日上矣。我国商人咸以忠信为迂阔，廉耻为愚呆，攘攘熙熙，唯利是图；逐逐役役，奸诈自用，顾目前之微利，不计将来之大局，此所以贻笑于外人也。嗟乎！试瞻洋场十里，大厦渠渠，谁不为外人奔走？谁不为外人驱使耶？所谓公益者安在哉？所谓廉耻者安在哉？茶叶、棉花乃我国出口之大宗者，孰知害群市侩，往往以水注棉，以色染茶，用欺外人以自杜其销路，思之宁不痛心？为今之计，欲振兴商业，舍道德未由。欲尊崇商业道德，则尤以教育为先导也。（录自第一期）

周　篯

商业使用人待遇谈

多财善贾，夫人而知之矣。财非能自运也，赖人以运之。然一人之力有限，苟规模稍大，独支内外，孰非易事，于是遂有所谓使用人者出。使用人者，于营业所内代理，或辅助商业主人者也，委以事务，托以财产，使用人之任亦重矣。是故，使用人而忠于其事，获利可操券以待。不然，则引盗入室，其害乃不胜言。然必如何，始可令使用人忠于其事乎？是又不可不亟加研究者也。

夫所谓忠者，无他，一其心而已。与以所好，去其所虞，一其心者，盖尽此矣。试分述如下。

一、奖励

奖以言语，或升其阶级，所以投其荣誉心也；奖以财帛，所以投其好利心也。

二、分红

每逢营业年度终了时，出纯利益之一部分与使用人，或平均分配，或以位之高下定多寡之率。如是，则使用人于营业之损益，生关切之念，而益勤其职矣。

三、优恤

使用人身故，或疾病，或家遭不幸时，则与以恤金，使使用人专心一志，事其所事，无后顾之忧，而主宾之间，情谊亦因而加厚。德国工商业家多采用此法，进步之速，良有以也。

四、储蓄

将使用人之俸金扣存一二成，存之营业之场所，年与若干之利息，或直视为资本之一部，而分给红利。如是，则使用人之将来生计既可赖于基础，而与主人之关系亦因而愈密。若不致妄费，盖犹其余。

五、保险

仿西国工人强制保险法，使之保险，则一旦身故，家族或无冻馁之忧。

苟能如上诸法，视营业情形，或完全采用，或采用若干条，则商业使用人必能安居乐业，商业之发达可预卜矣。商界中人，乌可不注意及之哉？（录自第一期）

姜敦彦

英握苏黎士运河航权论

捷欧、亚之交通，利货物之转运，帆船轮舶，往来如织者，非苏黎士运河乎？舍远而近，化险为夷，操纵由我，坐获大利者，非运河之主人翁乎？

夫此主人翁者，竭其国力，经营商业，注视东亚，目不他瞬，殆不知几何年矣，而于运河之开凿，不惟不赞成之，且竭力阻挠之。迨阻之不能，挠之不得，乃幡然改变方针，设施钓饵，投巨资以赚股票，假债权以攘土地，卒使运河之枢纽不握于固有之苏丹，倡议之雷赛而折入于智计深沉，举动敏疾，寓猛厉于和平之英人。

英人之为是举也，虽耗费金钱，绵历岁月，志不稍衰，气不稍馁，无他，彼国商货向以东亚为尾闾。设不航是河，固不能与他国竞；即航是河，而不握航权，犹恐他国之掣其肘也。是以百计营求，多方笼络，不举此二百余里之流、三百万磅之税金，达其管理征收之目的，不止其精心，果力何如耶？

今者，南北美洲之交，第二运河已告成矣。异时航行之发达，且将驾是河而上，而诘其航权之所属，则非英人乎？亦英人也。吾不知此英人之对于彼英人，其观念奚若，然预计西欧之舶来品将自此而益增，东亚之商战声将由兹而益厉，则固可断言者。

嗟乎！同胞！同胞！际此潮流，可忘砥柱哉？（录自第一期）

金纪良

论吾国商业衰败之原因

十七世纪政策由重金而趋于重商，二十世纪竞争由铁血而变为经济，咄咄怪哉。世界上现象，遂别开一吾人梦想所不及之新生面矣。亡人国者，以无形之财力为前驱，以有形之兵力为后援，纷争之烈，殆有不可思议者。近来欧风东渐，商战潮流，愈迫愈急；海外诸邦，均以吾国为竞争之集中点，狡焉思逞，漩涡所及，震撼神州。吾国因外界之刺激，宜思有以抵制之，补救之，乃起视商权旁落如故。吾思之，吾重思之，其中有多数原因在焉。

一、商人乏道德也

英儒摩格洛克曰：商人以信用为资本。是则信用能左右商业之发展也明矣。吾国经商者无远大之眼光，只求近功，不图远利，往往假冒商标，伪造物品。如茶、棉两种，本为吾国特产，乃渔利奸商，掺柳芽于茶，注水于棉，于是顾客视为畏途，不来交易，岂非仰面自唾，徒自污耳？或则专为外人营业上之导线，销售洋货，争前恐后，至于振兴物产，发扬国光，非其所计，舍己之田而芸人之田，是何心肝？是何肺肠？吾无以名之，名之曰无爱国心之凉血动物而已。此外更有一事，为吾国商民之通病，即无坚忍心是也。吾国商民，多欠毅力，偶受影响，即行歇业，虎头蛇尾，言之痛心。谁知愚公移山、精卫填海？有志者，事竟成；有为者，亦若是耶？

二、商人少学识也

古时贱商主义牢不可破，缙绅之士均不屑为，故从事斯业者，无非一二市侩。在当时市场狭小，交易简陋，果可墨守成章，保其原状；及海通以还，商业状态瞬息千变，非具有专门之学识，其能免天演之淘汰乎？故各国讲求商学，不遗余力。吾国今虽整顿商学，然尚在萌芽，经商者多昧于懋迁之职；供求之方，既不能察市场之转变，又不能审商情之奥微。强者势归垄断，弱者末逐锥刀。以此等汶汶商民而欲与长袖善舞者角胜，是殆使稚子与乌获比力，鲜有不跌仆者矣。

三、关税不能改正也

现今世界各国多采用保护贸易政策，货物输出则免税，输入则加税。十九世纪美国所用之铜，与德国所用之铁，皆由外国输入，而美、德欲发达其铜、铁业，乃增加其税率，以限制外国之输入，奖励内国之输出，故今日美、德二国，均一变而为铜、铁输出国焉。吾国税率，对于输出、输入，一律同科，使外货源源而来，充斥市场，吾幼稚之产业，摧压殆尽，铁聚九州，铸成大错。呜呼！恫矣。

四、厘金不能裁免也

厘金制度，当洪杨乱时，不过因一时军需支绌，设此以资挹注。厥后，以国用拮据，遂恃此为一种正税。其性质似间接税，其实际似通过税。甲省之货物运往乙省者，其间设局若干；丙地之货物运往丁地者，其间设卡又若干。处处勒索，在在留难。以内国之商民运内国之货物，经内国之境域，而受此恶税之打击，则不得不腾贵其价格，以防亏折血本。谁知货物之价格腾贵，需要者自然减少，销路涩滞，自不能免，而外国货物反得畅销？噫！吾国以不得志于国际协议之税率者，悉取偿于国内穷迫无告之商民，亦无谓矣。

五、币制之混乱也

货币之职务在于为交易之媒介、价格之尺度、支付之用具三者而已。乃吾国之货币使用之际，除第一种职务外，其余两种未由尽之。各市场上之交易媒介物樊然杂陈，生银也，龙洋也，鹰洋也，小洋也，铜圆也，制钱也，兑换券也，各自离立，不成系统。且硬货之比价，涨落无定，使用者时或获意外之赢利，时或蒙意外之损失。即就软货而论，同一银行所发行者，因其两旁印有北京、天津、上海等字样，即不能通行各处。商民生息于此币制之下，不能得确实之保障，非相习于投机，则无有向商场中讨生活者矣。

六、商品之窳败也

吾国农产品如丝、茶、棉花等，工业品如漆器、陶瓷器等，久为外人所称道。乃近年来销路日减，丝则为法、意所排斥，茶则为印度所陵夷，棉花、漆器、陶瓷器等又为欧美、日本摧压尽矣。此无他，农者故步自封，工者葫芦依样，不能如外国之精益求精，花样翻新，以投吾国民之所好，喧宾夺主。吾国恐专为外货销售之尾闾矣。今欲振兴商业，以挽回利权，则舍改良商品外，其道无由。

七、矿产业之式微也

矿产业与商业息息相关，矿业发达之国，必为商业繁盛之国。盖金、银、铜、铁为铸造货币或制造商品之原料，煤炭则为工业上、交通上不可缺之原料，关系商业尤大。吾国矿产，艳称海外，但技术知识，两俱缺乏，宝藏莫兴，富源未启；现虽从事开采，亦大半委诸外人之手，致天然美利，漏卮外溢，此真贾长沙痛哭流涕而长太息之时也。

八、广告法之萎靡也

广告在商业上有极大之价值。盖商品虽物美价廉，然远近之人未能周知，则销路仍难畅旺，故必籍广告以介绍，始能不胫而走。西人有言曰：广告之于商业，如蒸汽之于机械，有莫大之推进力焉。故今日海外各国从事商业者，对于广告之意匠，无奇不有，广告塔、广告柱，五光十色，眩然皆是。唯吾国商人视广告为无足轻重，靳小费而失大利，此商业衰败之一原因也。

九、共同企业之不发达也

十九世纪产业革命以后，经济界逐演成优胜劣败、弱肉强食之惨局，小资本被压于大资本，小企业被并于大企业，于是不得不促起产业之联合，经营之集中，以维持其经济之生命。对外则团结之势力厚内国市场，不致受外国同业者之侵夺；对内则企业之联合成内国市场，不为内国同业者之竞争所扰乱。所谓孤掌难鸣，众擎易举。美之托拉斯、德之加迭尔，其成绩固昭昭在人耳目者也。吾国商人均系个人企业，能力薄弱，处理不易，且信用有限，则资金之通融，亦难期其无穷。即令得以通融，其企业经营上，必因此而招致他人之掣肘，而陷于悲境也。近年以来，公司事业虽已逐渐增多，然以道德未进，经营不善，致倒闭破产者，时有所闻，可胜叹哉！

十、交通机关之不完备也

凡觇一国商业之盛衰，当视其交通机关之完备与否。苟运输机关与通信机关交互错综，则货物之运搬既形便利安全，商场之消息亦能迅速正确。他如灌输知识、减轻运费，均其余事耳。吾国近年以来，对于铁路、轮舶、邮政、电话诸事业，已着手进行，然尚未普遍于国中，故商人不得不因陋就简，依然局限于旧有之市场，此商业之所以不能发展也。

十一、金融机关之不能推广也

金融机关，如钱庄、银行，为辅助商业发达之重要事业，但钱庄制度远不及银行之完善。盖银行供给资金于社会，以助产业之发达，调和资金之运转，以辅商业之隆盛；且能令商品之移动自由，通货之伸缩自在，利用游资，节省货币，其裨益于商业，岂浅显哉！惜吾国金融实权大半操诸外国银行之手，外国银行之所在，即为其商业势力之范围，经商者仰承其鼻息，以营生计。吾恐将来吾国小银行必陷于无形之淘汰，商业前途何堪设想耶？

十二、权度制度之不能划一也

权度者，计物之长短、大小、轻重之具也。欧美诸文明国，因技术进步，交通发达，权度制度遂趋于均一。盖买卖交换之际，藉权度以测定物品之分量，使其评价计算正确而简易。不然，阻碍一国交易，损害商业之信用，故各国权度制度，所以定位均一。起视吾国权度制度，虽现在稍有规定，然商场上又依然因地、因事、因物而各异其标准。权度淆乱，欲商业之发展，是犹缘木而求鱼，庸有济乎？

综上述诸端，特就其大者言之。他如保险业之不能振兴，堆栈业之不能利用，商人乏调查之能力，政府少保护之兵力，递相为因，递相为果，以致商业之衰败如此。欧阳文忠曰：治病者当推其受病之源，而治其受病之处。吾愿政府诸公、商界诸公，际此欧战方酣，极宜整顿商业，积极进行，则失之东隅者，亦可收之桑榆。不然，如疾病之入膏肓，无可救药，虽欲治之，又乌从而治之？吾昔之为印度、波兰掬伤心之泪者，今将此点点滴滴以自哭矣。知我者谓我心忧，岂故为是危言以耸听哉？（录自第二期）

吴　郁

吾人对于商界之责任与及时之修养

不费弓矢，不劳兵革，从容谈笑，吸其脂膏，蚀其精液，一堕其彀，人国沦亡，非世界商战之现象乎？夫兵战之取人也显，显则易防；商战之取人也渐，渐则易忽。故昔之战多以兵，今之战多以商。觇商业之盛衰，即验国力之强弱，此诚灭人国者之不二法门，卫己国者之唯一要素也。观于吾国之商人，不能无惧矣。盖吾国商人，多未经商业教育，即昧法律之玄奥，复无世界之眼光，惟挟权弄智，捷足称雄，对于同业则相倾相轧，对于外人则不能越雷池一步。就其道德而言，殊有足令人兴慨者：以欺骗为能事，目诚实为愚物，鱼目借以混珠，赝货假以市利，贪小利而忘大患；一旦失败，不咎其方法之不良，经营之不善，视彼晏然获厚利者，则以为命运独佳。呜呼！以若是之商人而欲与欧美商人较长絜短于商战之漩涡，直如狂风之扫败叶，巨流之推河沙，鲜有不一败涂地者矣。吾人肄业于此，即为将来商战场中之士卒将校。兵战不胜，军界之罪；商战不胜，吾人之过；责任所关，不容旁贷。苟不加以修养，则道德渝而人格漓，尚望其能肩此重任欤？余不揣固陋，试与诸同学一同商榷修养问题，且与有志商业者共勖也。

一、当勤修学业也

钩稽出纳，剖析微芒，则会计不容不娴；懋迁交易，信守契约，则商律不容不谙。他若探求各地之嗜好，辨别物质之良窳，则必旁通物理，精明统计。凡此数端，皆具有精深之学理，泛骛而求之势既不可，层递而习之力又不能，此旧商人之所难能者也。吾人今日在校，所习之科学，无一非将来营商之资料，若仅恃教师之讲解而不自下苦功，以挈其纲领，揣其旨趣，细寻其条目，深究其应用，则为学之道，犹穴中窥斗，焉知胜负？故吾人当勤勉以求学问之湛深，他日始能挥洒自如也。

二、当确定志趣也

荀子曰："无冥冥之志者，无昭昭之明；无惛惛之事者，无赫赫之功。"骐骥屈于槽枥，终遇伯乐之知；杞梓隐于岩谷，必邀大匠之顾。苟守之有素，操之有具，无往而不达。人之才具能力，惟有其志，始能有为。然若无强固之志者，譬如有盈筐之器械而不知所以用之，则虽有器械，亦属徒然耳。且夫目不两视而明，耳不两听而聪，志不两歧而达。故吾人今日在校，当养成一定之志趣，衷一是而不纷，临万变而不移，始能达美满之目的也。

三、当服习勤劳也

好逸而恶劳，殆吾国人之通病。吾人在校，若不去此劣性，未有能底于成者也。尝观闲适之人，身心无所栖泊，耳目无所安顿，心意颠倒，妄想丛生，处逆境则夺其操，处顺境则丧其志，恓恓惶惶，动无不碍矣。夫晏安为鸩毒之媒，勤劳实成事之母。孟子曰："天将降大任于斯人也，必先苦其心志，劳其筋骨，饿其体肤。"古来夷大难建殊勋之伟人，必先受无数之劳苦，经无数之困难而来也。西谚云："天福由辛苦中购得。"此语殊耐玩味，岂非吾人今日之当头棒喝哉？

四、宜实践道德也

人类以道德相持而得共享其幸福者也。盖吾人立身，必以道德为之基础。夫物质之进步，不过依附而生之装饰，苟无道德以为枝干，犹植朽木而欲支大厦，纵金碧辉煌，吾料其倾覆固不旋踵也。然起视士林，平日侈言道德，莫不持之有故，言之成理，及审其行为，则其行尽反乎其所言，自欺欺人，莫此为甚。有道德之知识而无道德之行为，仍与无道德等耳。故吾人必须勉为无上之道德固矣然，必躬为实践，毋徒托诸空言也。

凡此荦荦大端，若能就此而扩充之，则进德修业之方，思过半矣。他若修养其精神，陶冶其感情，启发其智力，锻炼其体魄；养其根而俟其实，加以膏而希其光；根之茂者其实遂，膏之沃者其光晔。盖其为道也，不啻布帛菽粟，终生由之而不尽。吾人今日在校，苟能及时修养，他日学成问世，方有事业之可言，并不负吾人之天责。吾窃愿以此自勖，而敬为诸同学告也。
（录自第二期）

俞先达

论纸币之利益

处二十世纪商战之世界，欲求商业发达，非有敏活圆转之货币，用为交换之媒介、价值之标准、支付之要具，不能达其目的也。金属货币于交易上运用，虽较往古物品货币为便利，而较之今日银行所发行之纸币，则又不及银行赖信用之结果。而发行纸币，使人民用为支付之要具，与正货同一效力，商业上用此纸币，亦极形便利。故依今日而论，凡世界各国，必有银行，银行必发行纸币；其国经济程度愈发达，商业愈繁盛，则其所发行之纸币之额愈多。由是而言，各国莫不应用此制，则其有利于社会商业可知矣。

夫好利而恶弊，人之情也。假若此制有害于社会，有害于商业，何各国皆利用之？执是以观，纸币之有利无弊，盖彰彰矣。今就其关于商业者言之，凡输运之敏活、携带之轻便，较之金属货币，奚止倍蓰？盖商业上以敏捷迅速为第一要事。且市况早改夕变，难于逆测，若携带不便输运之货币，往往因此而受影响，而通用纸币，则无虑是；且纸币流通以后，可节省多数之金银。盖纸币发行使用，则货币可藏，而磨灭损失之害，可赖此以免。此皆纸币特长之点也。

如银行发行纸币，必准备同额之正金，以备兑现，固属安全，然如是则有死藏资金之憾。故现在银行所准备之正金，大率居发行额之一部分，其与发行额相同者，可决其无也。

夫银行全恃信用，信用厚则商业上虽稍有变动，各顾客不至纷来兑现；即有，亦不至全数兑尽。银行于此可得莫大利益。如发行百万元之纸币，银行所备正金仅二分之一，或三分之二，亦已足矣，则其所余之二分之一，或三分之一之货币，仍可贷出以生利息。此利息即银行之纯益也。虽印刷纸币需少数之纸料及印刷费，然其利益仍巨，社会金融之流通，商业市况之维持，皆赖纸币之作用有以致之。当市面通货不足之际，则银行复可发行纸币以补充之，因而社会无经济恐慌之现象，商界上亦不致扰攘，其利益诚非浅鲜。

然银行发行兑换纸币，固有极大利益，若发行不换纸币，一不加意，则社会易受其害。盖不换纸币之性质，与无利息、无期限之强制公债无异。故一次发行之后，贪其利益而再而三，每易陷于滥发，纸币之价格因之低落，而社会因之受损，商况因之纷扰，故吾人不可不注意也。虽然，不换纸币有此缺点，若发行者稍加注意，即可免此弊矣。此弊能除，则有利益于人亦复不少。总之，纸币发行一日，则社会国家享一日之利益，其利益之大，盖可知矣。（录自第二期）

俞乃赓

论纸币宜归于中央银行单独发行

凡事成于统一而败于散漫，治于制限而乱于自由。是故，一国之政，必有统治机关以主宰之；一人之身，必有总摄主脑以约束之。况夫财政为一国命脉，一失调剂，损害随之，可不集中计划而任其漫无限制乎？

纸币者，所以代货币流通于一国领域以内之信用证券，不若货币之具固有实价，纵其发行者信用薄弱，亦可镕为地金，施之他途，或输出国外也。由斯以谈，则纸币之发行，其有关于国家经济、社会金融、人民生活，至重且大。故欧美各国，发行纸币，大都不取多数银行发行法，而采行单一银行发行法。至若自由发行法，殆无有行之者。盖一国之中，若有多数银行发行纸币，必不能集中计划，往往不备正货，各自滥发，种类既多，良莠混淆；信用厚者与信用薄者兑换纸币，与不换纸币并行流通，必致货币匿迹，纸币充斥，而格勒歇姆之法则因之发生。迨纸币价格低落，则市面恐慌，物价腾贵，而国家经济、社会金融、人民生活，未有不颠倒纷扰而受困也。

吁！纸币发行法之不归统一，不加限制，其弊害直可以病民而亡国。然则欲求国家经济之安全，金融机关之巩固，必须通货制度之划一。欲划一通货制度，除由国家独占造币权外，而纸币一物，断宜归中央银行单独发行之。如是，则全国纸币既归统一，各省金融易于调剂，随交通经济之发达而为供求相济之发行，可藉以济财政之困难，节地金之使用，免货币之磨损，补通货之不足，一举而数善备，利何如耶！不然，如吾国今日流通之纸币，不归中央银行单独发行，或折扣，或拒绝，此出彼入，交相沮尼，失流通之本能，蔑兑现之价值，吾见其害，未见其利也。愿当局诸公，速谋统一方法，归中央银行单独发行，此不特国家之幸，亦人民之幸也。（录自第二期）

何　荣

吾国商业衰落之原因

呜呼痛哉！我国商业之不振也。以我国土地之大、人口之繁、海岸线之袤长、天产物之丰富，而乃司农仰屋，国库空虚，利权外溢，漏卮日大，不加挽回，惟有束手待毙耳。东西各国，方惟商业之是图，而我国犹酣酣朦朦，如睡狮之未醒，竟不知彼之为何也。譬如两方遇战，一方衔枚疾走，乘夜而袭之，彼则鼾声隆隆，毫未准备，及其遇也，势如破竹。以酣睡未醒之中国，猝遇劲敌，其胜其负，无待龟蓍矣。敬不才，课余之暇，缀平日之所得，列举商业受病之原因数则，以与诸君子共研究之。管隙之窥，惟望诸君子有以见教也。

一、其原因之由于人民者凡五

（一）由于道德心之缺乏

商业之发达与否，恒视道德心之有无。我国商人，渔利垄断，不顾大局，以伪乱真，以贱取贵，贪小利，弃公益，刚愎自用，唯利是图，见可欺者则欺之，可图利者则图之，故商业一蹶不振。若稍具有道德心，亦何堕落至是乎？

（二）由于贱商之结果

我国旧习相沿，贱商而重士，故位商于四民之末，目商为不足道，鄙商为不屑为。即知文之士，亦诋为舍本逐末。人民之心理，既绝商业之观念，从事商业者，遂日就减少，无怪乎商业之不振也。英人自夸之言曰：我英国之空气，亦属商业之空气；凡人民之脑筋，皆有商事上之知识。言虽出于自夸，要之，其人民之心理贵商可知矣。

（三）由于爱国心之薄弱

利权外溢、漏卮日大之二语，储吾人之脑海间久矣。然试问利权何以溢？漏卮何以大？当局者亦莫或周知。此无他，商人之咎也。举我国之商埠，尽洋货之市场；举我国之商人，皆洋货之导线；举我国之人民，皆爱洋货者也。考其原因，商人、人民爱国心薄弱故也。稍具有爱国心者，必不至于视舶来品之有愈于国货也。

（四）由于生产品之不改良

农产品与工产品，一国之所依也，对于商业有直接之关系。我国人民徒知墨守旧规，而不加改良，不察公众心理之趋向及时尚，斤斤焉惟依样画葫芦而已。彼舶来品之所以能臻畅销，能居于国货之上者，无他，观察吾人之嗜好，改良之，加工之，不外以投其趋尚为第一要务。我国人若对此问题改良之不遗余力，何患生产品之不能振兴？商业之失败也？

（五）由于商店形式上之不讲究

商人当如何能广招徕，亦事实上之重要问题，故商店之布置，务宜讲究。盖布置虽属形式上，但布置巧异，陈列周到，则精神上亦将大觉完美，顾客之对于其商品，似觉其有胜于他处。尝见规模稍大之商店，门庭如市，其布置陈列，自有超人、异人之点。我国人往往轻之，忽之，不加研究。噫！此大病也。

二、其原因之由于国家者凡九

（一）由于提倡政策之不讲求

一国之当局者，对于商业，当极力提倡之，使臻发达，斯商业能振兴矣。提倡维何？当维持商业道德，革除商业障碍物。其有发明制造者，当与以专利；其有特别思想者，奖之以荣章，励之以明令；人民能于工商业上别开生面者，须特别优待之。惜我国之未可多得也。

（二）由于法制之不能改良

国家既有提倡之能力，若无完善之法制以保护之，仍无补也。保护之法制维何？例如民法、商法、破产法，均应修订完备，切实施行。而警察制度，亦须尽美尽善，庶几对于商民，足以保障之，防范之。我国现行之法制，诸欠完全，商民受人侵侮而不闻，匪徒蜂起，劫掠行商而不禁，所以商人相率裹足也。

（三）由于运输机关之不完备

商业之发达，专恃圆活懋迁，故对于运输机关有直接之影响。是以商业兴盛之地，多在于交通利便之区，视运输机关之发达与否，可决其商业之盛衰。若陆无跋涉之苦，水无望洋之叹，则运送货物，不至有阻滞停顿之患，商业上自有美满之希望矣。英、美、德诸邦之成为商业国，其运输机关之完备有足称焉，至于我国则未也。

（四）由于教育之不普及

泰东西各国，国内无不识字之人，即无人不知书。我国四万万同胞，目不识丁者，十居其九，因贱商之影响，为商者大概皆无知识乏学问之人。故一般商人，虽富有经验，而学识则尚付阙如，端端焉惟目前微利之是图，而不顾后日之利害。何如此？无他，教育不普及也。

（五）由于专门人才不见用

我国近年以来，已知商业之可贵，已洞悉商业之不振，提倡之议，时有所闻；商业学校，次第开设；莘莘学子，其对于商业上之利弊，筹之有素，将来一出而为社会服务，必能为商业界别开生面。今也商业人才亦不乏其人，然而学非所用，用非所学，专门人才，坐守家园，商业界多欠缺学识之流，或反为政治教育人才之聚散地，无惑乎商业之不振也。

（六）由于外国航路不开拓

欲挽回吾国民之利权，当以开拓航路为要务，能于外国航路之势力上占一分子，是即于世界商业上得一地位。我国近日之商业纯系为内地商业，内地商业之贸易权不能完全操纵，尚何暇论及外国贸易乎？综观世界之商业国，皆恃其对外贸易之势力。我国对外之贸易权，尽属诸他国人之手，欲振兴商业，外国航路尤当首先开拓。政府虽已知外国航路之宜辟，恐遭失败，故不敢下手。外国航路迟一日开，即国外贸易权迟一日恢复，亦即我国商业迟一日发达。呜呼！我国政府其亦知我国商业今日之地位乎？

（七）由于保管制度之不利用

一国商业之隆替，可于利用堆栈之程度如何而断定之。盖堆栈兴则一般商人皆受其利，既可节糜费，又可免危险。十九世纪中叶，世界各国即知利用之，唯我国至今未能利用。故商人间商品之保管，往往惹起意外之危险及种种障碍，此中国今日保管制度之所必宜研究也。

（八）由于货币制度之不确定

货币乃交换之媒介、价值之标准、支付之要具，其对于商业有如何关系，略知经济者类能言之。视一国货币制度之适合社会商情与否，可以决定其商业状况。我国之货币制度问题甚为困难，各交易国之货币本位多为金本位，而我国则为银本位。金、银之市场比率时有不同，贸易与汇兑上之计算甚为困难。若改为金本位，而内地之生活程度甚为低下，经济未臻发达，又不便滋多。即内国之商业，补助货币又不依本位货币之法定比率，未能依十进制度以相兑换，此亦贻商业之害者也。

（九）由于租税之不改正

关税不改正，是即不能保护商业，是即不足以言提倡。对于外国输入之制造品，及内国输出之原料品，当课以重税，是洋货之销路必不能畅，且可杜绝。内国之制造品，及新发明之物品，当课以轻税，或免其税，是国货可以振兴也。入口者课之重，出口者课之轻，利权自能挽回，何患商业之不振，国库之空虚也？然吾国商业政策，向多失败，欲言加税，骤难实行，滋可叹耳。

三、其原因之由于天然者凡四

（一）由于气候之不匀齐

气候对于商业，关系至巨。我国虽地居温带，不过就南部诸省而言，故我国之商业，南部较为发达，气候有以致之也。北部诸省，寒燠不齐。冬则冰天雪窖，商港皆冻，行舟不便；夏则上烈下蒸，砂石飞扬，路不能行。西北部又多蛮烟瘴雨、狂风毒雾，商业之受碍，岂浅鲜哉！

（二）由于言语之不一致

考泰东西各国，其商业之发达，语言一致，亦其一因也。我国言语复杂，随地而异，往往百里之内，语言数种，商业上受其障碍力不少。从事商业者，非熟习其商业地之言语不可，而此商业地之言语，又非他商业地之所共同，而其人之对于习他种言语克肖与否，又不可必，其营业范围，遂难推广。初出经营者，往往因此种困难，或失败，或中止，困难孰甚焉。福建、广东诸省，其言语尤难通晓；蒙、藏等处，愈益奇异。此其大较也。

（三）由于岗峦起伏河流稀少

西北诸部，既限于气候之不齐，而交通又不便滋多；丘陵起伏，山岳重叠，既乏铁路，又少河流。即有一二小流，又水急多滩，既不能航巨舰，又不能通民船，论风景则尚佳，论商业则未必。此亦天然原因之一端也。

（四）由于滨海之省过少

视海岸线之长短，足以卜其国商业之盛衰。我国地大人众，冠于全球，海岸线虽尚称延长，不过较诸版图之小于我者而言。实则我国纵横数万里，临海之区仅数省。西北方面已无海岸线之可言，有之者惟东南一角而已。硕大之邦，仅藉此一角之海岸线，尚何商业之足云乎？美利坚、英吉利、日本皆四面临海，此商业之所以发达也。俄罗斯地跨欧、亚，大则大矣，虽有北冰洋，然亦无所用之，其商业遂不能开展，其明证也。

四、其原因之由于外界者凡二

（一）由于外乱之影响

年来欧洲大战，一时各国投入战涡，一以协约，一以同盟。考其致战之由，亦皆争商业上之一优胜地位。我国虽系中立，商业上受其影响极大。彼则牺牲其财产及人民，而我国则无形中牺牲其商业。所以此次对德绝交，进而为宣战，津、沪商民，皆起反对，为受其影响也。盖此数年中，正我国商业萌芽时期，又遭此摧折，至可痛也。

（二）由于内国之革命

武汉倡义，各省应之，驱除异族，推翻专制，发展民权，拥护共和，此固同胞之所额手称庆者，而商业则大受影响。及后，赣、宁一变，沪上、金陵皆蒙损害。迫袁氏称帝，西南抗之，称兵数月，虽民权复活，共和再造，然而戒严声中，交通阻滞，兵队所驻，商旅不行，商业不能不受其影响也。

（录自第二期）

冯　敬

论《商务报》之亟宜创办及改良之方

吾国近数年来立商部，设商会，自名义上观之，似已略知整顿矣，然商务之废弛如故，商情之壅塞如故，则商部、商会，徒为形式上之机关，于实际无益也。窃谓我国商人，患在不通商况，不达商情，不知世界商业之大势，欲救其弊，则《商务报》之创办，盖不容缓焉。我国报纸，风行已久，然皆政治机关，不暇兼顾商务也。即间有之，亦无非记载市价之高低、出入之多寡，而于商学、商情，及其改良振作之方，未尝致意。商人见闻不广，消息不灵，欲求营业之发达，其可得乎？今就应行注意之点，敢贡刍议，以为万一之助焉。

一曰督策原有之商务也。

吾国固有之商业，若绸，若布，若扇，若丝，若茶，均为商务之大宗。自外货输入之后，昔日之所谓大宗者，浸假而缩减矣，浸假而澌灭矣。浸假而出口之货，向之见重于外人者，今则日见衰落矣。报纸当负督策之责，勉其改良，以图规复，并明晓其中之利害，使其警惕。商人受此督策，益知振作，而报纸并可受其欢迎，感情自洽矣。

二曰输新知而祛旧习也。

我国商人所以恶维新之说者，以其突然而来，非所素习也。今发行商报，当于每日《论说》栏内，以有裨实际而不骇人耳目之新知识著论演之，而以旧习之不适于用者亦著论祛之，循循而行，自能日就范围，如风偃草，不难改良矣。

三曰达商情而使之不壅也。

我国官、商素不联络，虽有商会为之衔接，然大事不敢达，小事又不肯达，甚或为虎作伥，抑勒商人，故商情不通如故也。或同在一国之内，此省不知彼省之情；或同在一省之内，此县不知彼县之情，此亦商务艰滞之一端也。报纸当于各业情形，从确探访，虽小事细故，亦必为之详细登载，庶在上者洞悉其情，商艰或可稍舒；并将各处商情，详细访载，使异地之商人，彼此俱悉，亦不至有壅滞之弊，流通于焉得便矣。

以上三者，皆系据根本立言，要在办报者实事求是，毋厌烦琐，毋畏困难，务使商界中人莫不通商况，达商情，并晓然于世界商业之大势，则吾国商业庶有豸矣。（录自第二期）

黄炳炎

与友论实业人才不用于实业之害

辱惠书，以用非所学，学非所用，为我国实业前途悲，且为实业人才惜，仆虽下愚，亦有同情。今夫骐骥，良马也，负重致远，以千里称，若策之不以其道，食之不能尽其才，鸣之不能通其意，则虽有追风逐电之才，亦骈死槽下已耳，安求其能千里哉？实业人才之不用于实业也，何以异是！今就其害略论之，厥有数端。

夫国家之设立实业学校也，原为造就实业人才，振兴实业，若毕业之后，不能应用于实业之上，则设立实业学校何为乎？其为一害也。国家设立一所实业学校，岁糜巨款，人民多一种负担，所以丝毫无吝啬者，非欲使学者毕业以后应用于社会，有以偿还之乎？今毕业而不见用，则掷黄金于虚牝矣，其为二害也。在昔科举时代，所学非所用，故有志之士起而改革，废科举，设学校，以实利为主义，应用为前提，乃毕业之后，所学仍不能用于世，则与科举时代所学非所用何异？其为三害也。

然此犹就社会立说也。即就个人方面而言，亦有数端。一阻人向学之心。为父兄者，使子弟就学实业，固深望毕业后得收良好之结果，今毕业仍复家居，则入学何为？而实业学校俨同虚设矣。一起人侥幸之心。我国社会往往重士夫而轻实业，人方少时，以读书为博官捷径，不问所读何书，一若读书专为服官者然，相沿至今，仍以向来所重者为重，所轻者为轻。实业之名誉，既不能与士人抗，于是实业人才穷无复之，相率而趋于仕宦之途，其结果遂致举国有用人才，群就官僚以谋生活，实业之前途尚堪设想哉？噫！

以有用人才置之无用之地，宜足下深为惋惜也。试观泰西各国，人人习职业，人人谋实利，国家又为之提倡奖励，以资鼓舞，此实业所以蒸蒸日上，国亦不言富而自富也。我国则有人而不能用，一般实业中人，墨守旧法，故步自封，实业之不发达，岂无因哉？今略述其害如此，想足下闻之，当亦同声一叹乎。（录自第二期）

赵颂泰

论纸币宜归中央银行单独发行

纸币乃一种信用证券，持券人无论何时，对于发行之银行，得请求兑给货币。故信用确实之纸币，其效用实与货币等，其价格既无低落之忧，而计算移转，又较货币为便；且兑换准备金之额，若比纸币发行额为小，则有节约货币之利。就今为同额之兑换准备，而以纸代币，亦得免实货磨耗之损失。故纸币之发行，在现今信用经济之组织，实必要不可缺者，而银行欲图营业之发达，冀盈余之众多，则发行纸币，尤为当务之急也。

然纸币之制造，非如金银货币，当受自然之限制也。其制造额无限制，其发行额亦遂不易限制。夫发行至于无限制，则弊窦丛生，而一般经济、社会将大受其害矣。当商况沉滞，企业心不甚兴盛之时，银行之放款贴现无多，资金之需要不增，其纸币之发行额固无膨胀之虞。然一日商况旺盛，商工业者纷纷谋事业之扩张，向银行求融通资金者骤然增加，若银行斯时得任意发行纸币，则将贪利无厌，肆行滥发，不备相当之准备金，专博巨大之利益，遂令企业者以投机而生莫大之影响，其害之最先著者，即物价腾劳银贵，纸币之购买力缩。其结果也，经济界被其扰乱，外国贸易生激剧之变动。迨至发行既多，纸币之流通额超过社会之需要，公众必争向银行请求兑现，拥以自藏，卒至停止支付，而招倒闭之悲境矣。世界各国，其因此种之结果，酿成莫大之恐慌者，屡见不鲜。试以英、美之往迹征之。英国当十八世纪之后半叶，个人银行皆可自由发行纸币，厥后遭遇恐慌，破产之银行，竟达百余。美国往昔曾行自由银行制度，各银行皆争发纸币以博巨利，因之而破产者，亦复不少。

据是以观，则纸币自由发行之为害，不言而喻矣。若欲革除此种弊害，挽救银行之信用，则纸币之发行不可不采独占主义。而欲行此主义，则以中央银行单独发行纸币为尤宜。揆其理由，凡有六端：

多数小银行每重私利而轻公益，不肯备存多额之正货，预作兑现之准备，故其事业之经营，动出常规。而纸币流通额之伸缩、利率之高低，则又非小银行所能统一。然中央银行则自知责任重大，措置适宜，其纸币之流通额及贴现放款之利率，常能随经济界之状况而伸缩升降；且责有专归，则注意易于周到，凡有碍于事业之经营及损银行之信用者，无不防杜周至，庶几金融无窒碍之虞，而社会获良好之效。此纸币宜归中央银行单独发行者一也。

当恐慌发生，信用动摇之际，小银行恐受其影响，皆缩小放款贴现，以为自卫之计，惟中央银行则不然。盖其信用强固，公众来提现兑换者较少，且多向他行提取现款而转存之于中央银行，故中央银行所发行之纸币，仍流通不滞，且能应放款贴现之请求，续发纸币，维持市面，尤取资焉。此纸币宜归中央银行单独发行者二也。

社会一般企业，勃兴之时，投机业缘是而蜂起，其能预防之者，厥惟中央银行。盖企业家以使用他人之资本为常，利率低则企业易，利率高则企业难。中央银行者，掌一国金融之中枢，有操纵利率之权，睹投机的企业之将勃兴也，则增高利率，与企业家以警告；企业家感资金需要之紧切，乃不得不受其抑制，于是市场渐归镇静。恐慌之袭来，常得防止于无形，而此防止之力，实非小银行之所能。此纸币宜归中央银行单独发行者三也。

对于多数之银行，政府之监督，欲求其严密周到，事殊不易。且路隔遥远，其营业上之状况，各行不同，欲令其恪遵法规，经营完善，与大银行比之，其难易正不可同日语也。若夫中央银行，则规模宏大，组织完备，其事业之良否，实为一般社会所环视；即偶或逸出常轨，不难立见，故政府即可抑滥发纸币之弊，兼获巩固信用之功。此纸币宜归中央银行单独发行者四也。

国家危急之秋，救财政之困难者，非在各处之小银行，实有力之中央银行。试观欧洲大战争，各国财政之艰窘者，悉赖中央银行发行巨额之纸币，流通国中，以充战费、政费，是其明证。此纸币宜归中央银行单独发行者五也。

凡一国政府，财政上之收支为数最巨，其出入亦殊频繁，使政府自设特别机关以司之，未免劳费，若将此事委托于确实巩固之中央银行，殊多便宜。且政府之收支，当不足之际，则可向银行暂借以应急需；有余之时，则令银行运用之，有无相通，财政、金融两俱有利。反之，若以全国之财政事务委之于小银行，则危险万分，于全国之金融命脉，不无后顾之忧。此纸币宜归中央银行单独发行者六也。

由是观之，足见中央银行与纸币之发行，有彼此不能相离之关系，而其裨益于社会国家者，实非浅鲜。故现今世界文明诸国，关于纸币之发行，多采用中央银行之制度焉。英国发行纸币之银行，虽尚不少，实际上则英格兰银行占最高之位置。德国之帝国银行、意国之意大利银行亦然。此外，如法兰西、西班牙、比利时、奥地利、荷兰、丹麦、挪威、瑞典及俄罗斯诸国，亦各有中央银行，以任发行纸币之事务。日本之日本银行，亦有独占发行纸币之权。其所以采用此种制度者，其原因虽不一而足，要不外上述六端而已。吾国自辛亥革命以后，改大清银行为中国银行，对于纸币之发行，亦采集中之制，而银行之制度，呈一大发展矣。（录自第二期）

赵奉璋

论银行支店制度之得失

银行分设支店，其利益之点，由银行经营上观察之，可分之为五：夫能设支店之银行，其资本必大于特立之银行，此不待言。且采用支店制度，行数必多，一行或受损失，其他各行必不致悉遭亏折，彼此可以相补。况乎行数既多，其顾客人数亦必因之而增加，银行之信用，自较特立银行为巩固，其利一。支店设于各地，则吸收各处之存款必易，且亦能择最妥当之顾主而放出之，其获利较易，其利二。设支店之银行，其信用必较特立银行为厚，故准备金之额，虽略为减少，犹足以维持人心；准备金减少，则运用资金增加，银行得利可以较多，其利三。广设支店，其营业费用自必增加，然因其吸收存款易，运用资金多，故费用之数固增，而对于放出之额之比例，反形较少，其利四。企业发达，工商业者交易颇广，不仅于一地一业有关，银行与之往来，欲知其信用如何，颇非易事；若支店制度既行，则各地支店皆可于交易上测知，其顾客之信用，不致滥于放款，可免倒欠，其利五。

由国民经济上观察之，其利益之点，可分之为四：支店广设则汇兑交易，因而繁多，而各支店之支票，彼此辗转流通，是以各地金融可免壅滞之弊，而全国利率渐趋于平，其利一。支店制度行，则准备金可以减少，贷放资金可以增大，于是利率亦因此减轻，而工商业者亦受融通，足以促进产业之发达，其利二。各地之人汇款容易，故隔地之人易于交易，隔地间之交易因而繁多，其利三。公众对于银行存入款项无顾虑之忧，则足以引诱人民之储蓄，而一国之资力因而增进，其利四。

　　然支店制度一行，银行营业之责任分散于各地，一支店失败，其余均受其影响，故责任较为增大。因欲弥补此缺点，故本店对于支店，须加以严重之监督，但地方远隔，管理难期周到，虽颁布行规以拘束行员之行动，而施以定期之监督，诚恐各地支店阳奉阴违，其弊一。且支店办事人员，多由总行派往，并时时转任之于他处，故所在地之情形，往往不能详悉，与其地之商家或实业家，多不融洽，仅能赖对物信用而交易，故营业上不无缺点，其弊二。

　　夫利多弊少，事必可行。银行行支店制度，其利益之点凡九，而其弊仅二，欲矫其弊，未始无策。若于总行之中，特设机关，专任监督各支店之职，并于支店经理选用得人，支店中得力人员勿轻易更动，循此以往，则虽谓之有利无弊，不亦可乎？（录自第二期）

金荣泰

江西湖南商业地理之比较

余研究商业地理,至江西、湖南二省,见其地理相雷同者颇多,兹分述于左。

一、命名

江西因赣水纵贯其中部,故又简称为赣省;湖南因湘水纵贯其中部,故又简称为湘省。其名虽异,其义一也。

二、位置

二省同属长江流域,而处长江之南境、五岭之北部。

三、地势

二省东、西、南三面皆有大山为界,故地势崇高。北面则豁然开朗,又受江湖之灌溉,故为一肥腴之平原。

四、气候

二省同在温带,且同一纬线,故其气候寒暖适中。

五、山脉

湘省东蔽袁山，西障武林；赣省则东绕武夷，西抱袁山，而南岭之九连山与大庾岭横亘其南境。大庾又与湘省南境之越城、萌渚、都庞、骑田四岭相接，即古之五岭也。

六、河流

赣水中贯江西，东挟盱江，西策修水、锦江、袁水而入鄱阳；湘水中贯湖南，东挟罗水，西策资江、沅江、澧水而入洞庭。洞庭与鄱阳，又复归宿于二省北部之长江。

七、湖泽

赣省北境有湖曰鄱阳，湘省北境有湖曰洞庭，烟波浩渺，俱为我国著名之薮泽，与赣、湖二水同为二省地理相似最著之点。

八、物产

二省既得中部诸水之纵贯，复有北境大湖之潴积，水利既佳，农产物品亦因而富饶。即米一项，已为我国重要之产地。他如二省之茶、棉，亦享盛名者也（湘省之安化红茶、赣省之仿制乌龙茶，颇哙人口）。又二省既多山脉，故林木蔚茂（江西杉岭盛产杉木，湖南亦为我国中部林木重要之出产地），矿产富饶，而矿产尤多煤。赣之萍、宜（萍乡、宜春所产之煤，品质甚佳，宜于炼铁），湘之衡、宝（衡州、宝庆之炭矿，广二万一千平方里，较欧洲全面积之炭矿犹有过之）皆石炭之重要产地也。矿植以外，动物则以豚为多。豚为我国重要之食品，故豢之者几无处无之，而湘、赣二省尤多，故为主产地之一。其他工艺上，如湖南醴陵之瓷器，可与江西景德镇所出者媲美一时。又江西之宣纸、湖南之冷金笺，亦名贵洛阳者也。

九、省会

赣省之省会为南昌，西面赣江，东北倚鄱阳，九南铁路之终点也；湘省之省会为长沙，西倚湘水，北面洞庭，长株铁路之起点也。斯二地者，水陆交通，故商业颇盛。

十①、地理

（一）赣省湖口与湘省岳阳

湖口处长江、鄱阳相会之曲；岳阳处长江、洞庭交汇之处，当水路之要冲，扼全省之咽喉，有事则为兵争之点，平时则为商货之道，与湖口同一形势也。

（二）赣省九江与湘省常德

九江东滨洞庭，北带长江，西控武汉，下扼皖、吴；常德东滨鄱阳，北带扬子，下控滇、黔，东扼武汉，与九江同为商埠，以形势而论，不下于湖口、岳阳也。

---

①底本缺标题，此标题为编者加。

（三）赣省清江与湘省湘潭

清江扼赣江与袁水合流之点，湘潭当湘水与涟水交会之冲，而又各在省会南部，故交通称便，商业亦盛。

（四）赣省吴城镇与湘省湘阴

吴城镇滨赣江而倚鄱阳，湘阴滨湘水而倚洞庭，二地又复南通省会，故俱为商贾辐辏之地焉。

（五）赣省赣县区与湘省零陵

赣县区当章、贡二水之会口，扼赣江之上游，为闽、粤之门户；零陵当潇、湘二水之会，扼湘水之上游，为楚、粤之门户。二地在海禁未开以前，外国洋货之由粤省输入者，或内地土货之往粤省输出者，皆取道于此。现虽不及昔，然形势之优，固未易也。

十一、交通

二省已设之铁路，虽赣仅南浔，湘仅长株，然水道纵横交错，其间密如蛛网，颇得水利之便，故百货辐辏，帆樯林立，商业之盛，无以加矣。且大轮可由长江直达二省北境，故二省虽远隔大洋，而有长江为之贯通，亦可与外国直接贸易也。

十二、人民

二省人口均在二十万以上，其民性质，大都事理明达，心思缜密，且善于仿效，故于工业学术，颇得领会，而经营商业，亦其所长。惟近于欺伪，未免失商人信用，为缺憾耳。（录自第三期）

黄炳炎

美国之实业

美，世界最新之强大国也，初不过英、法及西班牙之殖民地耳。西纪一千七百七十五年，大西洋岸十三州之民离叛，华盛顿统军拒英，力战八年，至一千七百八十三年，崭露头角于世界，不数年而为一等大国。岂非其实业之盛，有以使之哉？

试周游美之全境，烟草之乡、禾稻之野、漆树之林、橘柚之圃，触目皆是。盖美之土地，宜于种植烟草，故弗尔吉尼阿人种之，遂为兹业之先导，总计每岁所产达四千万，其转输于外国者，又居其半焉。又美国大西洋岸与密士失必河口诸邦，气候和煦，土地肥腴，颇宜于禾性，故南喀尔勒那、鲁西安纳、得撒，皆以产米著者也。（此种之米皆由查勒士敦、塞芬拿、钮俄尔连斯出口）美国之为漆贾者甚多，而以塞芬拿人为最。方新漆初熟之时，凡往来交通之处所见者，惟此物耳。橘柚则以佛鲁里达为多，其一树之结果，可得五千余枚，故获利甚巨，人乐种之。而威士干逊、民尼苏达、密歇根诸地，入其境，唯见树木交柯骈枝，而大者参天直立，可数十围，故林木亦为美国输出品之大宗。其他如棉花、玉蜀黍等，无不繁盛。此美国农林之情形也。

密歇根湖滨有城曰支克哥者，美之第二大都会也，有宰牲场冠于世，凡他处及内地之牲畜，皆聚于是，故其以机器宰牲也，伐毛剔骨，以供欧美人口腹之养，何论昼夜，无时或已。美国畜牧之盛，由此可见一斑矣。矿产则铁矿遍地皆是，其北部五大湖滨诸邑，所产铁矿占全国产额之大半，而大湖为运铁之孔道。又密歇根湖滨之基威那半岛富产铜，旧金山富金银矿，俱鸿于世。又押巴拉既俺山有油井、煤岩之富，故纽约与布法罗之间皆有油井，其区之大，达数百里。押巴拉既俺山一带所产惟煤，煤层之广，常八九十里，可供全世界之人仰给，千年不竭。此美国矿产之情形也。

美之工业，则密士失必河之源有麦田磨厂者，甲于世界。盖是地适当美国产麦之区，又多瀑布，此瀑布之力，足以抵马四千匹之力，此天然之利有以致之也。纽约西南有非城者，美之第三大都会也，工厂繁多，规模宏大，而以制造煤油厂为最著。凡各产地之煤油，以管输送至此，提炼后，倾注管中，而流入大西洋船中，转运于四方。其他，若北美之铁厂、旧金山一带之金银矿厂等，皆规模宏大，闻名于世。此美国工业之情形也。

美之商业，则合全国同业组为一大公司，即所谓托拉斯是也。此托拉斯不下数百所，而煤油大王洛奇佛儿所创之煤油托拉斯实为其滥觞。尔后棉油、蒸饼、制糖、铁路、钢铁、轮船诸托拉斯陆续成立，利益昭昭，遂为世人之所共许。而其中尤以铁路、钢铁、轮船之托拉斯资本为最多，局面而为最大，权力为最广。铁路托拉斯成立于西历纪元前一千九百零一年，由十一大铁路公司集成，美国全路之干线尽属之，资本金达美金两千零五十四兆之多。钢铁托拉斯成立于西历纪元前一千九百零二年，由八大钢铁公司集成，办事者有二十五万余人之多。轮船托拉斯成立于西历纪元前一千九百零三年，由八大轮船公司集成，所有大西洋往来之轮船，均操之彼手，权力之大，可为极矣。除上述之托拉斯外，其资本在一万万与二万万之间者，不胜枚举，恐非罄竹之所能书矣。故及于今日，美国全国之资本十分之八，皆为各托拉斯所支配，而占全世界之资本十分之四焉。故世界财源，几大半皆操于彼托拉斯权力之下。宜乎！美为世界之第一资本国也。此美国商业之情形也。

呜呼！美人立国至今不过百余年耳，而其农林、畜牧、矿产、工商业有若是之盛，岂非其人民之注重实业，有以致之哉？（录自第三期）

黄炳炎

商人以信用为资本论

夫商人之营业也，能厚其资本，必立于优胜之地位固也。然尝见资本薄弱之徒，而渐能发展其业，竟胜商场，果具何道乎？无他，能守信用而已。英人摩格洛克曰：商人以信用为资本。是言可征矣。故营业虽在资本之雄厚，尤以信用为先导。信用不著，虽有极大之资本，终必归于衰败。昔虞孚之煮膏和漆，方以为真者示之于先，假者和之于后，夫谁不堕吾计中耶？孰知购者偏留意于其中，被识而终败。夫虞孚往矣，世之以欺人之伎俩为得计者，其亦知所警乎？试观夫列肆，其门前车马喧阗，应接不暇者，以其货之真实而不欺也；其门冷落交易甚稀者，以其货之虚伪而难凭也，然则信用能左右商业之发展者明矣。故营业当以信用导之于先，钱财济之于后，懋迁有道，可以知所适从矣。

呜呼！今之经商者，乃不知察此，祇求近功，不图远利，假冒商标，不图自振，冀得利于侥幸，求粉饰于一时。噫！若是者，欲其不损失，不淘汰，其可得乎？至挽商权，扬国光，尤非其所计也。虽然，类是者果不足论，但吾人肄业于此，即为将来商场中之士卒将校，其亦能留意于此乎？（录自第三期）

楼惟涛

抵制洋货须从日用品入手说

方今世界大通，贸易日盛，中土物质不能与洋货竞，一般社会，喜新厌故，购用洋货，而洋货之输入，遂日新月盛，源源不绝。通商大埠，无非角逐之场；市井闾巷，无非消费之处，于是内地金钱尽为洋商吸去。舶来货物，几代华人国产，输入超过日甚，国货销路日微，漏卮莫塞，生计愈困，欲国民经济之发展，不戛戛乎难哉？幸近年以来，人民智识大开，爱国思想增进，知利害之所在，竭力振兴国产，抵制洋货，挽回利权，不可谓非国家前途之幸也。虽然，抵制洋货，当知抵制之法。盖抵制得其法，抵一足以制百；不得其法，虽抵百不足以制一。如徒有抵制之名，而无抵制之实，于国何补？

夫今日洋货销场最大者，莫如日用品；吾人消费使用最重要而不可缺少者，亦莫如日用品。一家如此，家家如此。全国一日日用品之消费，殆不知凡几，是故振兴国货，须从日用品入手；抵制洋货，亦须从日用品入手。且日用品之间，既存抵制之观念，则洋货之较大于日用品者，无不见而抵制之矣。不然，去近就远，舍易就难，于大者、远者则昌言抵制，于日用事物则毫不措意，而其人则声声抵制洋货，入其室则色色都为洋货。

吁！不揣其本而齐其末，适足贻笑外人，乌足与言抵制哉？吾愿全国同胞之振兴国货者，务从日用品入手，全国志士之抵制洋货者，亦务从日用品入手，庶几国货销路日广，洋货输入渐减，塞漏卮，裕生计，使国民经济日形发达，以达抵制之目的。斯一衣一食，不至仰给他人，彼懋迁有无，视我国为尾闾者，即欲攫我财，夺我权，操纵我命脉，其道何由？语有之：饮食居处，为养命之源。我国人其亦知所从事哉？（录自第三期）

何　荣

统捐厘金之病商说

粤自吾国与泰西各国互市以来，洋货畅销，求之不得，土货滞屯，无人顾问。狡彼强邻，用狮子搏兔之全力，以我如火如荼之神州为其经商之大市场，岁攫吾数千万金以去，遂致利源外溢，民穷财尽，陷国家于梼杌不宁之象，人民于经济恐慌之地，致生产有过剩之弊，惹起社会之恐慌，未获通商之利，反遭意外之损失，此曷故哉？虽由于我国商人之无学识使然，要亦未为失败之由，而统捐厘金，实为病商毒剂之最，且为商业失败之主要原因也。

夫商人者，国民之一也，出商税以裕国，亦应尽之义务。况所出之税，仍可加之于商品，而高其价值，使顾客负担，不过假手商人，而间接仍取之于人民，于国家有大利，于商民无少损，商人何乐而不为哉？庸距知海禁开后，启五洲互市之局，万国通商，全球一场，商品纷繁，往来杂沓，同一商品也，彼贵此廉，未有不舍彼而就此者。盖人之购物也，莫不当薪其货真而价廉，人之心理，莫不皆然，非良言美语所能劝，亦非严刑峻法所能禁。若是，则苟贵一分之商税，而商品即高一分之价值；轻一分之商税，而商品亦随之轻一分之价值。由商税之轻重定物价之低昂，而销路之推广与否，一以为衡，故商税之轻重，关系销路之盛衰，影响至捷，利害至巨者也。

我国政府徒贪一时之收入，而不深察其利弊，贸然行之，处处设卡，在在留难。甲省之货，神贩于乙省，其间设关若干；丙地之物，运销于丁地，其间设卡几何；征税繁苛，司员娄索，商人以绞脑沥血之金钱，徒饱若辈之私囊。商人本以求利为目的，若是，不惟无利益之可图，反遭折阅，能不令人寒心？因之企业思想，大减其热度，从事商业视为畏途，实业遂败坏于冥冥中，而税收亦因之而减少，即能利尽归公，亦未免得不偿失，况无俾国政者乎？盖其所得之税，供役员之中饱者几占十之七八，供国家之岁入者仅十之二三。据丝绸业之传说，捐税反较成本为巨。夫丝绸为吾国原料之大宗，理宜免税，竟有驾乎成本之上，其他消费品固无论矣。或因小商无知，一遭漏捐，则课十以罚之，小商因之破产者有之，富者变为中人之产，贫者则无立锥，弱者转乎沟壑，黠者妄求非义之利矣。究其极，足以扰乱国家，坏荡法纪，不仅病商而已，奈之何商业之不失败，国家之不贫且弱耶？兴念及此，毛发为竖，足令闻者却走矣。

夫厘金之制，本倡自前清洪杨之时。当时因军饷浩繁，国库支绌，暂设厘税之制，以济其残害同胞之手段，安有民主国家仍沿此种陋制，变其名曰统捐，贸然行之，反加甚焉，若恃为一种正式之收入也者？若长此以往，吾恐周余黎民靡有孑遗之诗，行将为我国商业咏矣。

要之，吾国今日国势之式微，国用之竭蹶，实基于商业不发达，而商业之不发达，实由于税则之恶陋。诸公不欲我国商业振兴则已，若欲振兴，当先蠲除此陋制，则碍国微而利商多。所望当局诸公，力图进行，始有幸于我国商业前途耳。（录自第三期）

俞先达

课堂讲授与商场实习之比较

处二十世纪商战剧烈之时代，欲角逐于五洲之陆，雄飞于列强之前，非有完全之商业人才不可。所谓完全之商业人才者何？即富有学识与经验之商人是也。吾尝观今世之多才而不能善贾者，与夫经营而频遭失败者，其原盖由于一己之商业智识未得完全，商业经验不能练达，所以厕身商界场中，往往处劣败之地位耳。今欲挽回之，自当从此着手。

然欲养成其学识与经验，当何道之从？曰：注重课堂讲授与商场实习而已。盖课堂讲授者，养成其学识者也。如研究地理学，使其知何地货物之必需；教以经济学，使其知何事消耗之过多。此外如簿记学使其考察出入总账之细目，统计学使其研究中外物价之大势，商品学使其辨货物之良窳，商法学使其知注册之必要。又如历史学使其知历代商业之情形，求之精筹之熟，守如处女，出如狡兔，时机一至，跃跻舞台，必能大展其经纶，施其固有之学识，经之营之，而后商战可操胜算也。至于商场实习，所以养成其经验者也。凡物价之涨落、市道之变迁、营业之成败得失、货物之盈虚消长，据已然之迹，推必至之势，如料敌然。知己知彼，百战不殆。非经验深者不能，即非商场实习者，不能知其梗概也。

然课堂讲授与商场实习互相比较，果孰重而孰轻乎？曰：二者有连带之关系，实无轻重之可分也。盖学识者，体也，蕴藏于内者也；经验者，用也，表著于外者也。有体而无用，是闭门造车，求其出而合辙也难。故商人必须二者兼备方可，若失其一，即不能成完全之商业人才。谓余不信，请以学理上与事实上观察之，可以知二者之互相并重，无轩轾之可分也。

　　由学理上观之，知课堂讲授与商场实习当互相并重也。我国《商人通例》第五十六条之规定，商业师之对于商业学徒，其义务有三：一曰应注意其本业之修习也。如学银行业者，应注意其银行业之修习是。二曰应使服其业务也。如学银行业者，应使其记载账簿、识别货币等是。此二种义务，即余所谓商场实习，所以增进其商业经验者也。三曰应与以通学之时间也。如有商余补习所者，应酌留时间，俾其逐日肄业。此即课堂讲授之谓，所以补其商业学问之不足也。由是观之，立法者之本旨，亦以课堂讲授与商场实习互相并重焉耳。

　　由事实上观之，知课堂讲授与商场实习当互相并重也。今有营银行业者，为商业学校毕业生，曾受过高等教育，于商事知识可称完全无缺，宜其营业日见发达矣，乃竟有大谬不然者，何也？无经验以辅之也，即未曾入商场实习故也。语云：坐而言未必能起而行。旨哉言乎！又有营机织业者，为普通之商人，未曾受过商业教育，则不能计其机器之改良，致制造货之精巧。是二人者，一乏商场实习，一乏课堂讲授，皆不能得良好之结果。吾以是而知课堂讲授与商场实习当互相并重也。

　　由以上二者观之，则课堂讲授与商场实习互相并重之证，彰彰明矣。能如是，则商业人才成矣，经验充矣，学问足矣，又何难树雄帜于社会，较优劣于商场，增拓华货销路，杜塞外洋漏卮哉？乃我国商人不明此理，一收学徒，大抵责以劳务与奔走服役之事，此外所学习者，算盘与行情经络而已，未闻有与以通学之时间，俾其入校就学者。故学艺数年，问以商事，则茫然无所知，废时失学，莫此为甚。噫！以是种商人而欲与列强相竞争，是犹以卵投石，欲商战之不败，安可得哉？（录自第三期）

赵颂泰

课堂讲授与商场实习之比较

慨自革锁国政策为交通政策以来，世界大势为之一变。盖处斯二十世纪，实商战之最剧烈之时代也。今者，欧美各国咸视中国为无敌之商场，竞投资本，谋占权利，而国人仅知中国之商场失败，无人起而抵抗之，挽回之。即有一二有志之士，起而设立实业学校，组织工厂、公司，拟以制之，然他人之临我也如怒潮，而我之御人也如细流，夫细流之不敌怒潮也审矣！盖一国商战之胜败，系乎商才之盛衰，故吾国知商战不兴之原因，乃广设实业学校，为将来战胜于商场之根基。其所依者，岂非吾侪学生乎？

然吾侪既承国家之培植之依托，务奋勉以将来振兴商业为己任。吾侪在校修养之时，于课堂讲授，务悉心研究之。夫课堂上之讲授者，惟知学术上之理而已。如商品学、簿记学、商业地理、商业历史等课，课堂上讲授者，仅知商品学中所述者一切物品；簿记学中所记者，各种作用记法耳。至于商业地理，则知之各处商埠交通之状况；商业历史，则历述历代商业之情形而已。夫法固善也，学识固富也，若一旦出校，至商场实验，则莫知所措，此岂可制外人乎？彼在商场实业中人，经验固富矣，而脑海中绝无充足之学识，惟知墨守旧规，故步自封，不知改良之，扩充之，任外人之鱼肉而不顾。则商业日益衰落，漏卮日多，商业鲜有不败者。

由此观之，课堂上之讲授与商场之实习，二者孰较轻孰较重，不得而分也。课堂上讲授与商场实习，名义上分析之，则为二事，实则如环无端，相为表里。盖仅有学识而无实验，不能实施其平日之所学，战胜于商场；若有经验而无新鲜之学识，惟知谨守成规，保其原状，不察市场之变转，又不能审商情之奥微，故亦不能战胜于商场也。故课堂上所得之学术与商场之实习，务相辅而行，舍一则不可也。

　　然则我国之商业仍郁郁不振者，何故欤？抑商人道德心之缺欤？抑母财之乏欤？虽然，此其果也，非其因也。其因者何？即有学术无实验，有实验无学术也。国家之出资兴实业学校，原在培养人才，为他日之用，而今者学校所毕业者，大多有学术而无经验，不适用于今日。近则有鉴于此，乃于实业学校设立各种之实习，如吾校之设银行实践室也、簿记实践室也，装置打字机也，观察银圆之真赝也，无一非为补助学生之实验而设也。使学生如历商场，具实业之学术，负商战之才能，将来出校之后，即出其平日之所学，以供给于社会，以角胜于商场，挽回利权，而不致负父兄培植之苦心，亦可为国家尽一分子之职务，执商团之牛耳。扬五色国旗于欧美大陆，为国家增光，为母校生色，岂不善哉？窃愿与同学共勉之。（录自第三期）

胡为勤

论自由贸易与保护贸易

十六世纪之重商主义（极端保护政策）不期而风靡天下，然以操之过激，不容于时，有斯密亚丹倡自由贸易，有李诗铁复倡保护贸易，议论纷纭，莫衷一是。列国实验成效亦颇不同，行自由政策利者有之，不利者亦有之；行保护政策不利者有之，利者亦有之。故采用自由贸易与保护贸易，为近世学术上、政治上、经济上一大争点，孰是孰非，谁得谁失，几如两雄相峙，未可骤断。我国处此20世纪之漩涡中，仍墨守历代之陋策，对国际，对地方，一听自然，不知何者宜采保护，何者宜任自由；上下奔走于楚馆秦楼之地，醉梦于希荣慕利之场；欧轮美舶，衔尾而来，罗布口岸，视若无睹。于是衣者、住者、食者，凡民生日用所需求，大半皆仰给于外国，举国安之，毫不在意。然外来之品愈火，国货之销路愈滞，而工商业遂愈迫推其极，岂徒丧国家之财力？将趋全国人为贫民，为苦工，为奴隶，非受经济上自然之灭亡不止，可不惧哉？不惌痛商业之衰败，我国财力之日蹙也。不揣浅陋，略述采用自由贸易与保护贸易之标准，与诸同学商榷之。

昔Schomoller有言：自由贸易与保护贸易，其性质均不足称为主义，不过为政治上、经济上之应用方剂。设有医者，以一药治万病，人必叱之为狂。今人之不审国情，而极端赞扬自由贸易与保护贸易者，其谬较狂医尤甚。由斯而论，是两政策者，不必以此为是，以彼为非，须体察国情之文野、民智之高下、产业之盛衰，选其宜者用之而已。

大凡国为先进，宜于自由政策；国为后进，宜于保护政策。何则？先进之邦，其产业之发达，不特足以与外商相竞，且以输入自由之故，得以廉价购入原料，使生产益增，销路益张，不待国家之援助，已足争衡于外国市场。在产业幼稚、民智未开之国，资本技艺，举不足以胜人，国家不力与维持，助其发育，一旦与外人相竞，是无异令孩提与壮夫角力，未有不蹶而败者。此后进国，所以宜于保护政策也。

夫人生自幼至壮，必经数年家庭之保育监护，而后乃能自立；幼稚商业亦须藉国家之扶持培植，以养成独立自强之根本。今人见英国产业之隆盛，资财之雄厚，遂以为自由贸易之功，不知英国未采用自由贸易以前，固尝取极端保护政策，以筑其基础。

吾人试检英史，见夫自女王伊列沙白（Qeen Eliyaberh）朝至十九世纪中叶，此三百年间，英国对于殖民、海运、渔业及其他兴业生利之事，罔不深谋竭虑，冀夺霸权于法兰西、荷兰诸国之手，甚至利之所关，不惜从事干戈，以图一逞。史称英吉利以摧残敌国商业之故，前后构衅六十次，至今世人目为犷狠暴戾之国民。此足征当时厉行重商主义之猛烈。而英国富强之源，实于此时定之，今称为全球第一海运国者，即以曩时所掠捕之船舶，发其轫。至其殖民地遍五洲，国旗绕日出没处，纵横宇宙，雄视万邦，亦往年之遗风余烈也。故今日第一自由贸易之英吉利，溯十九世纪以前，实世界之第一保护贸易国，藉多年力行极端之重商主义，遂养成牢固不拔之势力，于海于陆，于工于商，无不凌驾他国，天下鲜有相颉颃者。

猗欤盛哉！迫近百余年，乃变保护贸易为自由贸易，于是优美之工商业更于内外增其势力，其后复有《航海条例》之颁布、谷物关税之废弃，自由贸易主义遂如日星之炳耀矣。故英国工商业之发达，保护贸易培其原，自由贸易助其长，蝉联相递，奏厥肤功。设自由贸易不承保护贸易之后，将无所施其伎俩，保护贸易因循至于今日而不变，亦无以促其兴盛。政策之采用，于一国盛衰之关系大矣哉！

虽然，一国之盛衰，关系于政策之善否者固大，关系于国民之智力与精神者则尤大。国家诚有保护产业之必要，然其所施手段，不宜限于关税政策，尤当奖励国民教育，高尚其思想，以期养成完全之人格。盖保护贸易物质的弊害，不若精神的弊害之可畏，必国民之志趣宏远，元气充实，而后乃见保护政策之功。使民智半开，风俗僿野，则保护贸易，徒助长卑屈之性情，消磨进取之思想，更何从收其效果耶？

要之，促技术之进步，谋物价之低廉，法莫善于自由贸易；兴幼稚之产业，培竞争之基础，策莫优于保护贸易。二者如药之治病，各有专长，不可以毫厘差。然自由过甚，终必受荡拼（Damping企业□□①中之一种险恶商略）之迫害（今日英国亦惧德、美制之侵袭，有复议采用保护政策者）。内国市场为外商所垄断，保护过甚，外而受人嫉恶，内而增人民依赖之性。故善执政者，于保护政策寓竞争之意，于自由政策施维持之方，使长短相补，盈绌相助。子产曰："宽以济猛，猛以济宽，政是以和。"采自由贸易与保护贸易而遵是则焉，工商业有不兴者，其谁信之？（录自第三期）

胡乃瓒

---

①底本漫漶不清。

说商校学生将来之责任

学生者，将来之中坚人物也，求学于今日，待用乎他年，自当以国家为己任，毋优游以自适，知责任之所在，务奋勉于未来。农也，工也，商也，无不待农、工、商校之学生改良之，振兴之，扩充之。故就今日之世界言，将来之责任，莫大于学生。

然农、工、商三学之中，尤以商校学生为最。何也？今之时，一商战剧烈之时也。今者欧美各国咸视中国为无敌商场，竞投资本，谋占商权，若长此以往，无人起而抵御之，挽回之，吾恐大利所在，尽被吸去；漏卮日多，生计日蹙，民穷财尽，鲜有不蹈东印度之覆辙者。夫一国商战之胜败，系乎商才之盛衰，商才盛则商业兴，金融裕，财用足。商校学生既承国家之培植、具商业之学识，负商战之才能，可不出其平日之所学，以角胜商场，挽回利权，而为国家尽一分子之职乎？吾可敬可爱之商校学生，其知将来之责任否耶？国际贸易之失败也，待吾商校学生出而恢复之；海外贸易之不广也，待吾商校学生出而扩充之；投机商业之衰落，待吾商校学生出而振兴之；内地商业之狭隘，待吾商校学生出而改良之、商榷之。旁落于他国者，非吾侪其谁回挽之？商场之未关于国内者，非吾侪其谁开辟之？他若谋交通之便利，筹金融之周转，化居积，通有无，皆吾侪将来之责任也。由斯以谈，商校学生之责任，顾不较大于农、工诸学乎？

吁！商战之胜败，既关系乎商才之盛衰，则吾侪欲胜将来之责任，当如何奋勉于今日？吾为将来喜，吾更为将来惧。夫一国商船所到之地，即一国国旗所达之点。昔日商战之失败也，咎不在学生；将来商战之失败也，非吾曹孰任其咎？国家兴学育才，举懋迁有无之责任，悉责之吾人，吾而果克负荷也？执世界商团之牛耳，为国家增光，为母校生色，岂不甚善？非然者，吾为此惧。（录自第三期）

何　荣

中国历代商业人才考略

于戏！有人才而后有事业，亦惟有事业而后有人才，故人才造事业，事业造人才，世有所尚，才有所归。中国数千年来，夙持贱商主义，事业之属于商者，历代多抑制取缔，不遗余力。奚惑乎？商业人才在历史上之不多觏也。稽诸古籍，虽犹有所载，然莫为之前；虽美勿彰，莫为之后；虽盛勿传，吾知湮没遗录者众矣。由是以言，历代商业人才之考略，殆一残存不全，赖其人有经国致富之术以传者也。第处今日商战剧烈时代，岂容仅知西译他国商业家为可效，中国商业家不足法乎？荣不敏，谨以见诸史闻诸传者，略述如次，当亦同道之所许乎？

一、舜

舜为吾国商业家之鼻祖。当尧之时，人民以所有易所无，以所工易所拙，皆舜所施教也。嗣因顿丘买贵而贩于顿丘，传虚卖贱而债于传虚；又作什器于寿丘，就时于负夏。至于所居之地，一年成聚，二年成邑，三年成都，是固经营实业以惠民之功也。故后世商人，乘时逐利，买贱卖贵，及以信用借贷之事，悉权舆于大舜。

二、管子

管仲，名夷吾，颍上人也。少与鲍叔牙同贾。后继高傒为齐相，设轻重九府，桓公以霸，乃使商贾专于其业，以副国家之所求。其言曰："今夫商群萃而州处，观凶饥，审国变，察其四时，而监其乡之货，以知其市之贾。负任担荷，服牛辂马，以周四方，料多少，计贵贱，以其所有，易其所无，买贱鬻贵。是以羽旄不求而至，竹箭有余于国，奇怪时来，珍异物聚。旦夕从事于此，以教子弟，相语以利，相示以时，相陈以贾。少而习焉，其心安焉，不见异物而迁焉。是故其父兄之教不肃而成，其子弟之学不劳而能。夫是，故商之子弟当为商也。"是其制国定义，务使四民不杂，商贾得专心致志，以治商业，而商业教育亦因之以兴。且以《管子·小匡》篇观之，不独重本国之商也，并设法招徕外国之商，为国际贸易之嚆矢。其法令为诸侯之商贾立客舍，一乘者有食，三乘者有刍菽，五乘者有伍养，故当时天下之商贾归齐者如流水。又虑关市之限制外商，乃著令曰：市赋百取二，关赋百取一；征于关者勿征于市，征于市者勿征于关；虚车勿索，徒负勿入，以来远人，十六道同，减关市之赋。其恤商不可谓不厚也。又虑利权为外商所夺，令左司马白公将白徒铸钱于庄山，货币之价值，遂操纵于齐人之手，外商虽获厚利，而齐国可高下其币价以制之。此齐之所以富强也。

三、子贡

子贡，卫人也，端木其姓，赐其名。既学于孔子，退而仕卫、相鲁。好废学，与时转货鬻。及家累千金，乃废著鬻财于曹、鲁之间。故七十子之徒，以赐最为饶益。结驷连骑，束帛币以聘享于诸侯，所至，国君无不分庭与之抗礼。是不特言语擅长，抑亦以商雄天下者也。孔子曰："赐不受命而货殖焉，亿则屡中。"盖嘉其不藉官吏之力，而能意贵贱之期，数得其时。此学优而商之人才也。

四、弦高

弦高，郑之名贾也，通货鬻财，知国家之大计。郑穆公时，国为秦、晋所逼，高乃隐于商。后秦师袭郑，过周及滑，郑人不知。时高将市于周，遇之，谓其友曰："师行数千里，又数经诸侯之地，其势必袭郑。凡袭国者，以无备也，示以知其情，必不敢进矣。"乃矫郑伯命，以十二牛犒秦师，且使人速告郑伯为备，于是国赖高而存。后郑穆公以存国之赏赏高，高辞曰："诈而得赏，则郑国之政废矣。为国而无信，是败俗也。赏一人而败国俗，智者不为也。"遂以属徙东夷，终身不返。吁！世多知高之犒师救国为有特识，而不知其辞赏高节，尤为可风。此士君子之所难能，而出之阛阓中人，不亦大可贵哉？如高者，诚商人中爱国之前师也。

尝闻邲之战，晋之荀䓨为楚所执，郑人贾于楚者，密与䓨谋，将置诸褚中而出，既谋之未行，而楚人归之。贾人如晋，荀䓨善视之，如实己出。贾人曰："吾无其功，敢有其实乎？吾小人不可以厚诬君子。"遂适齐。噫！此贾人之谋划行谊，高节伟度，荦荦可传，其爱士之概，可与弦高爱国之心并列，吾深惜其姓氏之湮没遗录而不传也。

五、计然

计然，姓辛氏，字文子，其先晋国亡公子也。见微知著，少明阴阳之学，其志深沉，不肯自显。尝南游于越，范蠡师事之，请其见越王，相与言息货，王不听。乃退而不言，处于吴、越国之间，以渔三邦。已而，越王闻其贤，复请受教。时勾践困于会稽之上，欲复仇而无财以养士。计然乃进其商业政策：一曰察好尚，以知斗则物备，时用则知物，二者形，万物之情可得而观已。二曰重交通，以旱则资车，水则资舟，预蓄以待其贵，则利倍蓰。三曰尚平均，粜二十病农，九十病末，上不过八十，下不减三十，则农、末俱利。四曰戒停滞，货无敢居贵，贵上极则反贱，贱下极则反贵；贵出如粪土，贱取如珠玉。五曰财币贵流通，以财币之行，欲其如流水之不滞。行之十年，越国大富，遂报强吴，是皆计然之力也。其所著有《内经》及《万物录》等书，多可考，见《春秋战国时之物价》云。

六、白圭

白圭，周人也。乐观时变，人弃我取，人取我与。岁熟取谷，予之丝漆茧，凶取帛絮，与之食。能薄饮食，忍嗜欲，节衣服，与用事僮仆同苦乐，趋时若猛兽鸷鸟之发。故曰：吾治生产，犹伊尹、吕尚之谋，孙武用兵，商鞅行法也。伟哉白圭！当商业竞争未剧烈时代，而于商战同诸兵战之原理，已虑之独审，而言之特精也。

七、范蠡

范蠡，楚人也。尝师事计然，佐越王勾践，生聚教训。既雪会稽之耻，乃喟然叹曰："计然之策七，越用其五而得意。既已施之国，吾欲用之家。"于是装其轻宝珠玉，自与其私徒属，乘扁舟浮于江湖，变名易姓。适齐，为鸱夷子皮，耕于海畔，苦身戮力，父子治产，居无几何，致产数千万。齐人闻其贤，欲以为相。范蠡叹曰："居家则致千金，居官则致卿相，此布衣之极也。久受尊名，不祥。"乃归相印，尽散其财以分与知友，而怀其重宝适陶，为朱公。以为陶居天下之中，诸侯四通，交易有无之通衢，为生可以致富。复治产积居，候时转物，与时逐而不责于人，十九年之中，三致千金，再分散与贫交昆弟。居无何，复赀累巨万。故天下言富者，皆称陶朱公。噫！既立功名于朝廷，复创大业于廛市，其才识之坚卓，征之古今，岂能有其匹耶？（录自第四期）

何 荣

说商校学生将来之责任

读书而求学问，负国家将来之重大责任者，学生是也。学生承国家之培植，人民之期望，载奋载勉，自当以国家育才之功，偿还国家，庶几学归有用。今之农也，工也，商也，无不分设学校，以期他日收效于学生，为改良振兴扩充计，则今日之功能，乃将来责任之基础也。然欲担救国之重大责任者，莫如商校学生。何则？时至近今，兵战既寝，商战益烈，彼碧眼黄须，咸目我国为无敌商场，竞投巨资，以占我利权，吸我民膏。呜呼！使无实力以抵御之，则每况愈下，其不蹈东印度之覆辙，得乎？夫国际商战之胜负，系乎商才之盛衰甚大，吾商校学生，自宜竞求新知，尤当能副实践，将来登角胜之场，独树一帜，以挽回利权、振兴己国之商业为己任，则其责任之重大，岂非超出于普通学生之上乎？灏课余深思，殊抱杞忧。兹略抒责任所在，为我可敬可爱之商校同学告焉。

一、纠正旧时商人之责任

商战胜负，全凭实力。我国旧时商人大半求近利不图远谋，顾己身不念大局，买空卖空，竞尚诈伪，甚至造赝物，冒商标，冀得利于侥幸，求粉饰于一时，名誉已失，信用何来？以之对外，犹细流而敌怒潮，欲其不失败，不淘汰，岂可得乎？至于挽回利权，发扬国光，一般商人更非其所知。我国商业凋敝，大抵皆因若辈无适当之商学所致。今吾商校学生，研究商学，对于旧时商人应如何纠正之，其责任要不可旁贷也。

二、督促制造者改良商品之责任

今之忧国之士辄曰振兴商业，挽回利权，庶可以救中国于危亡，呜呼！言诚然矣。然舍本齐末，岂有济于事耶？夫欲望商业之振兴，必先良美其物品。因物品不良，不能巧合乎人心，即不能成交易。故商之本在工，工以成之，商以通之，商未有离工而能独立者。吾商校学生，此后当尽力劝导制造厂，精其出品，在未有者固应锐意制造，而在已有者亦当精益求精。工与商联络一气，互相规勉，此亦吾商校学生将来应负之责任也。

三、发明贸易新法之责任

商品良矣，信用著矣，苟于贸易仍墨守旧法，则不能引起顾主之欢心。近者虽亦稍有改良，究之互相仿用，令人易生厌心，或致商染官气，人当郤避之不遑，安望交易之发达？故商校学生对于将来应发明贸易新法，亦责任之一也。

四、开辟国内商场及扩充海外贸易，以挽回利权之责任

商场者，经营之要地也。今我国内地商埠大多为外人租去，利权所在，尽握彼掌，坐是漏卮日多，财源日竭，欲求挽回，似宜多辟商场，广为招徕，更发展海外贸易，充裕其经济，制造其国货，窥其取要，投其所好，一如外人之对我国。是此两种责任，我商校学生当共勉之。

以上所举，荦荦数端，不过就其大者、远者言之。至所谓兴投机之商业、谋交通之便利、恢复国际贸易之失败、预筹金融之周转等，皆为吾商校学生将来之责任。总之，学生之责任，即国家之重大事，则吾侪欲胜任于将

来，宜如何奋勉于学生时代？安可优焉游焉，年复一年，贻徒悲于老大乎？夫昔日商战之失败也，咎不在商校学生；将来商战之失败，非吾曹，谁任其咎？吾曹肄业于斯校，各当勉旃。（录自第四期）

徐　灏

说转运工之价值

当夫十九世纪以前，强凌弱，大侮小，干戈常动，烽火时举，固一武力之世界也，苟欲图存，非训其师旅，利其武器不为功，故军人莫不视为有无上之价值。讵知兵凶战危，自欧战连年，协约各国，不恤巨额之金钱、多数之生命，与德意志血战，即为铲除此武力世界也。今者协约国已得最后胜利，此后军人之价值，不将弃之如遗乎？

然则世人之所认为最有价值，足以代军人而兴者为何？曰劳工是也。所谓工者，非士、农、工、商之工，乃广义之工也。金工、木工固谓之工，即凡劳其心志，劳其体力，有益于人取酬无愧者，皆得谓之劳工。故为士者可名曰教育工，为农者可名曰种植工，为商者可名曰转运工，固非仅指制造之工言也。兹姑就转运工之价值言之。

员舆广大，地味不齐，气候不齐，天然物自因之而异；民智殊等，民力殊等，人造物又因之而异。是以此地所有者或为彼地所无，彼地所产者或为此地所需，而转运工之事起。为商人者即以此转运手段逾越山海，调剂有无，逐什一之利者也。自十七世纪以来，铁路筑，汽舶创，陆无裹足之虞，水无望洋之叹，国际贸易渐次发达，各国亦力求农工业进步，生产额加增，鼓励商人锐意转运，使一国输出额多于输入，保国内利源、吸国外金钱，舒国民生计，裕国家财政，意至善也。且自此次欧战后，一般人类鉴及武力之不可以服众，群趋转运工一途，以增进其价值，故残杀之战争将永远消灭，经济之战争将日益昌明，武力世界一变而为劳工世界。即我国尚官吏，贱工贾之恶习，亦将受其影响，非力为矫正不可。

　　盖人之贵贱，不在职业而在德行，官吏不必贵于工贾，而工贾未必贱于官吏也。不特此也，人之与人互相依赖，或委身官职，为国行政；或从事实业，为国阜财，要皆求各尽其责，有利于国，无伤于德，初无贵贱之殊。是以官吏而营私卖国，虽极美衣丰食，骄奢淫逸，苟自问其良心，自察其品格，则其价值要有不可问也者矣。故为转运工者，当以自利、利群为本，毋慕虚荣，便私图，以蔑弃其神圣之价值可也。（录自第四期）

黄炳炎

白圭薄饮食忍嗜欲节衣服与僮仆治生产论

治生之道，勤俭而已，勤则不怠，俭则不奢，不怠不奢，是以致富。若白圭者，其足以语此乎？史称白圭薄饮食，忍嗜欲，节衣服，与用事僮仆同苦乐，卒至富甲天下，而为治生者所祖。君子于此，可悟治生之道矣。夫人情莫不贪乐而畏苦，趋易而舍难，岂知欲图后日之乐易，正不得避当前之苦难？盖不履至苦之境不能享大利，不经至难之域不能得良果，不由节俭之途不能获巨富。尧之茅茨不翦，朴桷不斫；禹之卑宫室，恶衣服；卫文公布衣帛冠，之数人者，贵为天子，富有天下，而节俭耐苦若是，况营业之商人，而可奢侈逸乐哉？此白圭之所以兢兢业业，饮食不敢过厚，衣服不敢过奢，嗜欲不使萌发，居之以忍，行之以勤，纵甚难甚苦，亦安而甘之也。

语云："善上人者为之下，为之下者则莫能及焉。"今夫薄饮食，忍嗜欲，节衣服，稍有财者所不屑为也，而白圭能之；僮仆，人所贱视者也，而白圭与之同苦乐。于人之所不屑为，且不必为者犹为之，则其富甲天下，为治生者所祖宜也。而吾所最景仰者，则为与僮仆同苦乐一事。尝见富厚之家，仆役成群，专备伺候之用，既贱使人类，复自逸其身，岂治生之道哉？必也如白圭之与僮仆同苦乐，降其主人之尊与僮仆为伍，则乐民之乐，民亦乐其乐，忧民之忧，民亦忧其忧。吾知白圭薄饮食而僮仆不甘于珍馐，白圭忍嗜欲而僮仆不溺于所好，白圭节衣服而僮仆不安于华裾，雇佣所以节劳，非徒谋己身之安逸。白圭之为此，诚能破除阶级之恶习，开平等之先声，得待遇佣仆之道矣。

　　呜呼！奢侈之风，怠惰之俗，莫甚于我国今日。中下社会之人，衣服务为丽都，饮食竞为精美，奢侈愈甚，怠惰亦愈甚，此岂国家之福哉？安得如白圭者辈出，有以挽回之乎？（录自第四期）

赵颂泰

论自治与自由

我国易专制为共和，人莫不谓我有自由之权矣，岂知自由者我，极不自由者亦我？我惟能为极不自由之我，然后可以成一真能自由之我。盖我欲自由，必先自治。自治者何？守法律，守道德是也。夫道德我所固有，我能以道德自治，则道德中有我，道德外无我；法律亦我所应有，我能以法律自治，则法律内有我，法律外无我。我既有自治之能力，何不可以自由？不然，我苟肆意妄为，是不顾道德也；我苟荡检逾闲，是不顾法律也。舍道德而言自由，是曰私；舍法律而言自由，是为悖。私且悖，实为社会之蟊贼，国家之枭獍，虽放流之，诛殛之，亦文明国所有事也，彼尚能享自由之幸福乎？

可知人而不欲自由也则已，人而欲自由也，必使我为道德上之我，必使我为法律上之我；我于是得发生自由之效力，我于是得完全自由之结果，我于是不失为道德自由之我，并不失为法律自由之我。呜呼！以道德内之自由为自由，乃真为自由，否则即非真自由；以法律内之自由为自由，乃真为自由，否则即非真自由。此我民之不可不知也。由是而观，我欲自由，非先自治不可，是故自治者，实为自由之根本。（录自第四期）

韩澍霖

道德学问实力三者为商人必具之资格

呜呼！我国轻商已非朝夕矣。自秦汉以降，一若商之为商，不能与齐民齿，位商于四民之末，上受法令之压制，赋税之朘削；下受士夫之鄙夷，人民之轻贱，商学因以湮没，商情因以涣散，商力因以薄弱，商业因以倾衰。丁斯二十世纪商战剧烈之秋，而处劣败地位，其原因非无故也。商人犹不能争自濯磨，争先奋发，忍沦落而受揶揄，甘卑污而致失败，此毋庸为我商讳耳。然则欲振商务，兴商业，扩商场，历商战，责在商人，而商人之欲达此目的，则当先求本。求本维何？曰维道德、学问、实力。试分述于后。

一、道德

经营商业，资本为先，资本愈多，则获利愈厚，此人人所共知也。若金银，若房屋，及一切营业器具，是为有形之资本；若知识，若技能及商标专卖权等，是为无形之资本，此又人人所共知也。然最大最要之资本，则莫如道德，故无道德，不足以为商人也。商业道德，至多且繁，匪一言可尽。无欺诈，无垄断，无抛空盘，无冒商标，无影射他人，无倾轧同行，无图目前之利，以伪乱真，损人利己，无干犯国法，运贩禁品，偷漏捐税，于是道德全而信用固，商团集而商情洽，商人之位置自高，商业之振兴自易。诚能尔尔，斯足以为商人。

二、学问

今日之经营商业者，必概责之以学问，其言未免近于太苛，然无学问，要不足以为商人也。盖欲尽信传言，必须识字；计算盈亏，必须知算，此固人所洞悉。若欲察何地货物之需要，则须熟地理学；欲知何事消费之过多，则须知经济学；欲考查出入之账目，则须精簿记学；欲研究各地物价之大势，则须谙统计学。求之精详，筹之娴熟，守如处女，出如狡兔，则于是商战可操左券。苟能尔尔，斯足以为商人。

三、实力

民智日巧，世局日新，吾人所梦想不到之商战，于今为烈矣。苟无敏捷之手腕，则在在着落人后；无充足之资本，则事事须受人亏；无冒险之精神，无以出奇而制胜；无坚忍之性质，无以待时而投机。是故，为商人尤以实力为前提，无实力仍不足以为商人也。故立商会以通声气，设银行以通财货，筑铁路、辟航路以便交通，集公司、组会社以固基本。凡数者，我商人对之而不可苟忽者也。若瞠目而无睹，安足以言为商人？

嗟我商人，日奔波于阛阓中，徒尚狡狯而薄正直，尔欺我诈，互相倾轧，我商人之道德何如乎？不知世界大局，未明百货之由来，昧于市情，缺于经验，日惶惶焉如木偶，我商人之学问何如乎？比年以来，风气稍通，商智渐开，有集合公司者，有组织银行者，欣欣然商业振兴之声起，利权挽回之机至矣，不料有大不然者在焉。盖基业未定而攻击之风已起，利权始回而攘夺之事已开，未几而破产者有之，借外债以济眉急者有之，我商人之实力又何如乎？

嗟嗟！我国之商人，其真无上述三者之资格耶？徒以种种束缚，种种钤制故耳。乃民国肇造，制度更新，从前种种之障碍，不难一扫而空，提高我商人之身价，确定我商人之资格，惟赖我商人自勉之。（录自第四期）

邬世明

论银行对于各种存款所给利息轻重不同之理由

银行对于各种存款所给利息以定期存款为最重，通知存款、储蓄存款次之，存款票存款又次之，活期存款为最轻。盖银行由公众吸收若干之款，同时负若干之债务，其所给利息之轻重，即由存主之提出存款之有确期与否定之也。若存主确有提出存款之日期，银行日常不必筹备支付准备金，则其所给利息必重；否则银行必须提出其存款之几成以作日常支付准备金，其所给利息必轻。

定期存款者，存主于存入款项之时，预定异日支出之期，非期满之时不得支取，则银行可以将其全部金额运用于生产之地，或作活期存款之支付准备金，故其所给利息最重。

通知存款者，存主欲提出存款之时，须于先几日通知之，既非要求即付，又非定期支取也，银行虽可将全部运用于他处，然一接通知书，即须筹备此款以返还之，故其所给利息重于活期存款，而轻于定期存款也。

贮蓄存款者，存主以贮蓄之目的存入，虽亦要求即付，然以贮蓄之故，往往积成巨款，未尝日来支取，故其所给利息亦较轻于定期存款，而重于活期存款也。

至存款票存款、活期存款，银行负要求即付之债务，不能将其全额运用于他途，必须提出几成以作日常支付准备金，故其所给利息最轻，或全无利息。但存款票存款之为定期付者，其性质与定期存款略同，银行或给以定期存款同率之利息。（录自第四期）

张叔义

论银行公称资本与实付资本之关系

设立银行之时，必须筹集巨额之资本金，但此资本金或非一时缴齐者也。公称资本金即指此全部之资本金，而实付资本金仅指此已缴纳之资本金也。换言之，实付资本金，银行由贷款贴现之手段可融通之于社会公众之间，令成为已动资本，公称资本金不过为债务之保证，尚未贷出于社会公众之间。

至两者之关系，银行论者学说不一。或注意于分红之大小方面，谓实付资本金宜小；或注意于营业之妥否方面，谓实付资本金宜大。盖实付资本金小，则银行业者可将此金额觅于安善之途以贷出之，则营业易于获利；又因资本金额之小，则分红之率可以引而高之。是前者之说非虚言也。实付资本金大，则银行业者但求营业之得利，冒投机之性质，滥放款项，则营业易致损失；且因资本金额之大，即偶获赢利分红之率，亦必较低。是后者之说亦信而有征。

折中论之，盖失之过小，虽分红可以略高，然遇市况萎靡之时，每不能履行支付之债务，易失信用；失之过大，即不滥放与人，以备不时之需，然死藏库中又非经济社会之裨益焉。故实付资本金额以适中为宜，然亦依经济社会之状态而为变迁焉。经济社会发达之地，银行之信用巩固，银行所发行之纸币支票具有交换之媒、支付之具之性质，而银行之资金之大部分由存款转账而来，不以资本金为必要，斯时之银行，其实付资本金可以较小。若经济社会尚未发达，银行之信用尚未巩固，银行之纸币支票未具有完全之购买力，而银行之资金大部分仍为资本金，则斯时之银行，其实付资本金较大为宜。（录自第四期）

张叔义

欧战后中国实业家之觉悟

欧战风云，漫天际地，绵延四载，今也战事告终，列强对于善后之策，已各有所计划，而其计划中之最注意者，即为最后之实业。盖实业之兴衰，关系国家之隆替，影响所及至深。且大不观乎欧人以实业政策亡人国耶？英之于印度也，法之于安南也，往事俱在，彰彰可考。故实业为国家富强之根本，其关系之重大，不待智者而后知之。

然则为中国实业家者，对于和平后之实业，安可无自觉自悟之心耶？觉悟维何？即实业家之责任是已。夫泰西诸国实业之发达，其主要原因，在实业家之自觉其责任之重，出全力以经营之者居其泰半。况和局既定，泰西诸国实业之恢复发达，尤不知其有如何伟大之成绩。而反观我国，四载以来，欧战之良好机会不知利用，仍故步自封，甘心退让。东邻扶桑，一岛国耳，犹能于此次战争中奋其长臂，力谋扩充。以视我国之实业家，仅知私利之自图，置利害于不顾，自欺而欺人者，其相差岂可以道里计？

夫所谓实业家之责任者，在磨炼其精神，奋发其脑筋，将实业提倡之，振兴之是也。虽然，此数者言之匪艰，行之维艰。且我国人萎靡成性，往往任外人之越俎代谋，吸我膏血，而不知自愧，不知自警。故尤深望我国之实业家于提倡振兴之前，先蓄一自愧自警之心，然后积极进行，力图振作，庶几于二十世纪之世界中，与列强相角逐而不为其所鱼肉。不然，其结果实有不忍言者矣。凡我中国之实业家，际此存亡危急之秋，可不急自策励，先事预备乎？（录自第四期）

施宗翰

国际税法平等与中国商业之关系

商业为国家命脉，国运之兴衰系焉。商业发达，则国富强；商业窳败，则国贫弱，有断然者。我国自有国际贸易以来，国库空虚，利权外溢，亦由商业之不振耳。顾国人日言振兴商业，挽回利权，劝用国货，抵制外货，其对于商业，亦不可谓不热心矣。然而漏卮日大，外货日充，海舶交来，利源迭减，其故何哉？溯其原因，特以国际税法之不平等故也。

我国税法均由贸易国协议，外货输入，抽税既微，价值自廉；价值既廉，销售自繁，故外货源源而来，日新月盛，而国货之销途，逐渐为侵夺矣。且价廉物美之外货充斥市场，欲以价昂物恶之国货与较，则需要者虽明知此为国货，彼为外货，安有弃廉而就昂，恶美而喜恶哉？是国际税法之不平等，而劝用国货之效力又微，其不足以言抵制也明甚。至我国货输出既无保护之政策，输入外国又受重税之征求，此不特不能畅销于国内，抑亦不能运售于国外，每致输入超过，是国际税法之不平等，则商业何自而兴？利权何自而挽乎？

噫！处今日商战剧烈之世界，商业既处于窳败之地，一国之命脉不啻操纵于外人之手，欲国之不贫且弱者，几希国际税法，直接既关系于商业，而间接又关系于国家，不綦重乎？若夫世界各国，多采用保护贸易政策，货物输出则免税，输入则加税。当十九世纪，美国所用之铜与德国所用之铁皆自外国输入，美、德欲发达其铜、铁业，以制外货输入，而奖励其内国之输出，故今日美、德二国均一变而为铜、铁输出国，是足为国际税法与商业有重大之关系，可明证矣。

乃者，欧战和平，世界潮流将由强弱之竞争趋而为贫富之竞争，则商业之重要，自不待言。协约国和平会议，中国亦遣专使列席，苟能乘此时机，使国际税法一律平等，则我国土地之大，物产之饶，协力经营，贸易海外，何难兴商业于既败，挽权力于既溢，操经济界之大权而驾于欧美列强之上哉？呜呼！余日望之矣。（录自第四期）

张景晭

世界生产物之研究

夫各国之生产物，以其所出之多寡，足以决其商业之盛衰，及一国之贫富，故各国对于生产物有需研究手续而加以改良或制造之必要。盖凡生产物可分直接生产与间接生产两种：直接生产纯系由天然产出，供人类使用，及养生之原料，如煤炭、石油、食料品是也；间接生产者，其物品虽曰天然产出，而需辅以人工，始能完全生育，如农产物、制造品及其他动植物等类是也。故此种比较，由生产原料之供给不同而区别之也。然世界生产物亦因供给用度不同，分为食料品、制造原料品、织物原料品、奢侈品四者。

其□①为食料品者，由家畜谷物而成，其中亦有自然之供给、人工之增值，及其他所得者而成。食料在欧洲各国，其家畜若不足消费，多仰亚美利加输入。其各国家畜产额较多者为俄罗斯，其原因盖土地极为旷野，而便于牧畜，故天然使其繁增，而便于地利之关系也。其次为北美合众国，又次者为德意志。

至于谷物一项，以亚细亚洲为大宗，如中国，英领印度、缅甸，法属安南，日属朝鲜。其中以中国质量为嘉，维销出外国则不足。印度、缅甸、安南三处，品质不甚纯粹，而逊于中国，然以消费方面言之，多发售欧洲各国。朝鲜则大多销出于日本。欧洲方面，以亚美利加及北美合众国为多。

就小麦而论，首推北美合众国，其原因盖由于西部皆为新土地，并对

---

①底本漫漶不清。

于耕作上制造精便器械，故收获极为丰富。其次为俄国，又次为东印度等国是也。

制造原料品，其重要物品，如矿、羊毛、猪毛等。今考各国铁、钢、铜及石炭之最多额，为北美合众国及英国、德国。然羊毛一类，取以制造者，以英吉利为大宗，产额之最多者，北美合众国及濠州。猪毛则以中国为大宗，每年德人至重庆销售，其数较巨，且设有立德洋行以经营焉。

织物原料品之最要，例如棉、生丝、绢织物、黄麻、亚麻及麻等类。棉有三大产地，即英领印度、北美合众国、埃及是也，消费地以英国为最多。生丝以中国为首，日本次之，意大利又次之。绢织物出于日本、中国及法国为多，其中以中国素称发达。黄麻以宾加尔为特产，亚麻及麻以俄国为特产。

其他关于奢侈品，如咖啡、茶、烟草、酒等。咖啡之生产地为伯西儿、宾加尔、爪哇、锡兰等处。茶为中国输出大宗，次锡兰，其贸易地为俄罗斯、英吉利。烟草之生产以玖巴为输出最多，他如西印度诸岛、东印度、中国等处。酒之产地以中国及欧洲为嘉，其种类如葡萄酒、麦酒、黄酒等类焉。

故生产物无论天然、人为，要能加以制造，庶原料不致需出，而于各种需要物上，更为改良。如斯观，则生产关国家方面，虽为重要，而于个人间亦受裨益。吾愿我同胞其三思之。（录自第四期）

范树勋

本校将来发展之计划

学校之造就人才，随社会情状之变迁而定其目的者也。即随时体察社会之需要，以求其适合乎供给之方法，如是而所谓人才乃见，如是而所谓造就人才之学校乃不虚设。余尝闻各国工厂制造物品，必先考察各地风尚，因时制宜，出奇竞巧，以迎合其心理，逮一物既出，人皆争购，工厂业务，由是发展。何也？供给合乎需要之故也。若其不然，则供给自供给，需要自需要，闭门造车，出不合轨，势必制尽废物，工厂之设立既失其目的，而社会亦受其困矣。办学之道，本同一理，以喻商业教育为尤甚也。

高等商业教育之本旨在养成商人有必要之判断力，而技术之教育则占其副位。以此种教育之目的，在期其长时间之胜利，不措意于一时之利害也。然在甲种商校，以学生毕业年龄计算，直接有受高等教育之机会，出而从事实务之原则，亦具有相当之学识与技术，于高等商业教育自异其趣也。

虽然，默察现在商业之趋势，以及商业教育之趋势，注重训练商人必要之知识，以冀得有圆满统辖的能力，在理论上固为高等商业教育之本旨，乃由事实观之，艺术虽不过成功第一阶级，至最终之胜利，亦有不能全舍成功之第一阶级而谓可操必胜之券也。况乎甲种商业之设立，应于社会之需要，催促急速间，养成适合的人才，以故鉴于四围之情势，自不得不注重实用的事务之技术，而辅以运用其技术之学识为教育之目的者也。

民国七年，余忝任本校校长，即以实用主义为本校教育方针。凡授以商业上一般之知识，必设法兼使之实习，以期运用其学理，熟练其技术，庶四年成绩，或可以供给社会之需要，而直接生其效果。惟商业范围至广，学科至多，实习方面往往有顾此失彼者。于是一方审需求情状之缓急，一方审经费计划之赢绌，乃主张渐进，分期筹办。校中已设立者，有打字实习室、银行实践室。查历届毕业生执各省银行业务者，十居七八，成效颇著。近因交易所事业日益发达，此项人才苦无正当养成之地，爰于去年特派专科教员，分赴各地参观实习，从事筹备。迄乎今秋，亦已开始实习矣。其余若海关、若保险、若仓库、若铁道、若运输航业等科，业经派员调查多次，以经费无着，一时难以筹设。现拟分年创办，将上云各科之实习室齐备后，更图连络，编辑交易例题，俾互为实习，则学校之学生不啻商界之执事，学校之实习室不啻世界之市场矣。

且也，商业学中，货币一科，关系于商业实务甚巨。吾国币制之紊乱极矣，省自为规，邑自为法，各地各异，无统一之标准价格。其换算之方、汇兑之法，不惟普通商人见而束手，即老于金融业者，间亦有茫然不能尽知者也。若教授货币不从根本调查，编辑讲稿而仅授以货币之学理，于实用终难收效，故必采取实用方法。现已着手搜集，一俟成功，即编纂教授，庶将来不拘从事何种商业，对于不统一之货币，自具有辨别性质、计算汇兑之能力，辅佐商业之进行，其裨益岂浅鲜哉？

图书馆为社会教育之一，即所以补学校教育之不及。而学校中附设图书馆，于该校教育之进行，尤关重要。试观世界图书馆发达史，其促进文化之效力，几驾学校教育以上，将视为最高之学府也。本校既于实用方面分期筹备，而所授有限之学理，或不足以资运用。今秋特设图书室于校中，购置关于商业各种图籍，专供学生课余自修之用，以发展其世界之商业知识，庶将来毕业后，或可做研究高等教育之预备也。

上述诸端，或实行，或预备，其趋重之方向既定，似可从容布置，以竟余区区之志愿矣。无如欧战以还，经济竞争日益迫切，工商业之发展为世界立国之命脉，而本校所处之地位，所负之责任，其重要为何如耶，自不容由余一己之企图濡滞进行，可断言也。且鉴于历年就学本校之拥挤，以招生额数有限（定额五十名，来年拟添招预科二班），收容校舍有限（来年拟添造宿舍楼屋十间），遗弃良材，几乎占四分之三，欲宏造就，有不得不仅在校内已定之制度内着想，当在校外未定之制度内着想，又可断言也。然则在校外着想，认为不可须臾稍缓者，究何事乎？曰商业补习学校、女子甲种商业学校、商品陈列所三端而已。

商业补习学校者，何为而设耶？欲曲尽商业教育之能力，以普遍其商业知识，上可以佐高等、甲种商业教育大功之完成，下可以补未受商业教育者之缺憾，积极消极，交受其益，诚一举而两得也。在昔德人纵横一世，感其产业及富力之伟大，与国民知识及爱国心之富厚，颇归功于补习教育之完善，于是认补习教育为义务教育，逐成教育上一大问题。即东邻日本，自明治四十年来，全国补习学校之设立，已达九千五百余所，按照地域计算，一町村内，设有二校已上者，就中属于农、工者固多，而属于商业补习要为最发达之校。查其设立之旨趣，无非为穷苦子弟无资入学，或仅毕业于小学，即改就商业实务者；或并小学未毕业，为家境所迫，不得已径谋生活者。而欲增进其青年店员之生产能力，并化除其不良习惯，舍补习学校授予相当之知识技能外，其他实无救济之方法也。我国教育部公布实业学校规则，虽有补习学校之规定，而各地设立者尚寥寥无几，青年店员多未受商业教育，经营贸易大率沿用旧法，不知变通，所收学徒又皆鲜明书算，商战失败，利权外溢，是亦必然之理也。然今何时乎？可长此而终古乎？自宜急为筹备，成立该校，以祛种种之弊害。其办法拟酌筹经费，相定适中地点，由本校教员并高级学生，半尽义务，轮流担任教授；或附设本校，开办夜学。意者尚有成效可观之一日乎？

女子甲种商业学校者，为发展女子生产之能力，与男子一律授予平等之教育也。生利多而分利少，一国之富力增加，经济学上既著有定论矣。且国家人口，大率男女各居其半，以从来女子处于辅助男子地位，虽有相当职业，不能独立谋生，全体计算，难免列诸分利一类。欧美各邦之富强，非尽男子之力，亦妇女社会之活动，有以促进之也。日本虽与欧美异趣，要之国家生产方面，若邮便局，若电话局，若车站之卖票员，若公司之会计员，女子占其多数，而卸卖各商店员，女子任其职务者尤多。是女子非尽辅助男子，亦可独立谋生，惟欲养成其独立谋生之资格，非先受有相当之学识技能不可。吾国教育未普及，实业教育尚在萌芽时代，男子失学者比比皆是，遑论女子之实业教育。然入此世界经济潮流，生利分利之公例，其理益彰，不亟图维，将见全社会陷于凋敝困苦之境矣。且近人主张解放论，连篇累牍，无非欲恢复女子自由之人格，讵知根本要点，仍在生利一方。苟女子与男子一律受有平等之教育，即具有独立谋生之资格，同服务于社会，增加其生产，则自社会观之，当然得享有平等之待遇，尚何解放之足言耶？至以事实论，小学教育已归平等，而升学阶级，女子仅得师范一部，似不足以昭公允，亦未尽发挥女子固有之能力。现在注重实业教育，对于女子自应兼筹并顾，广辟途径，以宏造就。所谓女子甲种商业学校者，其事虽属创闻，然由余个人观之，似认为万不可缓之举，窃未敢付诸理想之例也。

商品陈列所者，即学科中商品一科，求其实验之所也。本校固有之商品陈列室，因限于经费，仅就少数公司之惠赠，及各生寒暑假期内之采集，并校中必要之购置相合而成者，为数不多，因陋就简，殊不足观。且研究农学有农场，研究工学有工厂，研究医学有医院，凡所以运用学理以资实习者，莫不设有附属机关。各国如是，各省如是。即本省之农、工、医三校，亦皆设置完备，独本校研究商学，无习练之商店，非一大缺点乎？故因校内商品陈列室之简陋，不得不向校外着想，以期组织商品陈列所，兼办商店，俾一方得供商品学科之实验，一方得实地习练经商之业务，双管齐下，孰便于此。惟筹费较巨，一时颇难为力，倘有责者能表赞同，或不使余抱此虚愿也。

　　以上论列，纯属本校一种自身发展上之计划，然更由组织商业系统上观察之，以求完成本校发展之计划，则开办高等教育，亦当然认为必要之举也。今之识世者，辄言吾国商业之不振，由于商业人才之缺乏，所谓商业人才者，岂限于本校每年所供给之数十人乎？试以行军喻之，有兵士须兼有将帅，徒将帅固不足以行军，然徒有兵士而无将帅为之指挥，则兵士虽多且勇，亦无益也。商业亦然，徒有办事人员而无总经理为之主持一切，则商业仍无振兴之望。故一面既培植办事人员，一面即当培植总经理人员，庶双方教育得衔接，出而任事，自可收指臂之效。现计全国商业专门学校，仅四川、山东、山西、湖北四校，以人才之多，无升学之地，乃欲望商业之振兴，不其难哉？吾浙地处繁庶，此项高等教育，固不容缓。倘以一时筹费维艰，在本校先开预科一班，以为预备之阶级，然后分年筹备，限期成立，抑亦善策也。（录自第五期）

李涵真

设立教育银行之商榷

国事蜩螗，人心浮动，舍教育无挽救之法矣，今日之教育家类能道之。而教育根本计划，若经费之如何维持，基金之如何存档，以及教养费用之如何信托，义务资材之如何利殖，环顾乡邦，尚未有熟加考虑者也。鄙意就一省都会设立教育银行，保管一省之教育费，以上难题可立解矣。谨举大略，愿与我浙中当道及教育大家商榷之。

一、教育基金独立

我国教育幼稚，又值干戈扰攘之秋，军阀饷糈，罗掘俱穷，停发教育费至数月之久者，已有数省，若不未雨绸缪，教育前途关系匪浅。本省教育经费亟宜筹定基金，一时不能筹足，分年筹之，即将此款提存教育银行，无论如何不得移用。

二、奖励学生储蓄

今日最足堕落青年学子者，厥为奢靡浪费。父兄期望子弟，不惜以血汗金钱供其正用，而学生并不将此余资存贮银行，挥手即去。如有教育银行，专设储蓄一部，固足奖励储蓄，亦所以提倡节俭也。

三、维系教育人才

教育非职业也，清苦原属本分，身为职教员，得能维持生活，已属幸事，一旦疾病及意外之事发生，困难立现，苟非热心教育与无力改途者，决不愿久留于此。贤者去而逊者来，教育前途何堪设想？今设教育银行，特定办法，优加待遇，存款借款，悉异平常，既可纾一时之困苦，且可坚久任之决心，传舍之讥可免，教育之功立见。人谓废督裁兵事急，我云维系教育人才为尤要矣。

四、生殖息金

银行事业以存放款利息之轻重操奇计赢，教育经费之性质素不活动，若设银行，可利用余资及信托存款、储蓄存款等为短期稳固之抵押放款营业，办理得宜，每年盈余当不在少数，以之扩充教育，年复一年，人民可无失学之虑矣。

五、保管信托存款

今日生计艰难，中人之产，对于教育子弟费用，犹虞不给，若父兄预为子弟计者，可于宽裕之时陆续存款，权其子母，以备后用，其收益当非浅鲜。近今银行间有设立教育储金者，然而办理不力，成效未著。今特设银行，专司其事，引起一般人之注意，影响所及，岂不大哉？

六、办理寄附财产及遗产

捐助一部分财产或遗产全部分为教育费用及兴学经费，此等义举在西人数见不鲜。我国好善讵不如人，特以地方无保管机关，虽有此愿，何从寄托？今设教育银行，可任保管专责，支配用途，仍遵寄托者之主旨或遗意，在未处分之前，或一部分在处分中，银行可将其余款以稳妥之方法利用之，一举两得，善莫大焉。

七、录用商业学生

本省商业学校优秀分子多已楚材晋用，其故以本省各银行无录用专条。教育银行为教育范围以内之银行，可以注重人才，凡商校毕业列前茅者，优先补用，既可奖励学子，又可代谋出路，而于银行方面，更可得指臂之助。

以上各端，仅言教育银行之与本省教育费上有密切关系者，至银行之组织办法，谨举大纲如左。

（1）宗旨：以维持教育费用及发达教育为主旨。

（2）定名：浙江教育银行（财团法人）。

（3）组织：由教育厅会同财政厅呈请省长核准，交议会议决；以教育厅长为监督，以中等以上学校校长为董事，以教育行政会为议事机关；另委行长以司其事。

（4）基金：基金分三项，如左。

①教育基金。另筹的款，存交银行，作永远教育基金，不得移用。

②全年教育经费补额。在教育基金未全部筹足时，其不足部分由财政厅负责，每当会计年度开始之前一月，将全年一省之教育经费不足额悉数交存银行。

③各种存款。

（5）业务：业务分三项，如左。

①办理各种存款。

　　a.教育基金存款。

　　b.教育补额存款。

　　c.学生储蓄存款。

　　d.职教员储蓄存款。

　　e.学校存款。

　　f.信托存款（分整存零付、零存整付、存本付利三种）。

　　g.寄托存款（分寄附存款、遗产存款两种）。

　　h.活期存款。

　　i.定期存款。

②办理各种放款。

　　a.短期抵押放款。

　　b.短期保证放款（仅限学校中职教员，以校长为保证人；校长借款，以学校为保证人）。

　　c.各票贴现。

　　d.存款透支。

③发付各种校经费。

　　a.省会内各校经常费，以每月十五日发给。如遇十五日为休假日，得提前一日。

　　b.外县各校经常费，按路之远近，逐月汇寄，亦以每月十五日发给。如遇十五日为休假日，得提前一日。

　　c.各校临时费，随时由各校具领。

（6）盈余支配：每年盈余达教育基金若干成以上，得以二十股分派，以二股作行员酬劳，以一股作董事酬劳，其余十七股积存为教育基金。如有扩充教育事业，省款无法可筹者，经教育行政会议议决，得将此积存数由教育厅扩充之，但不得动用原有固定教育基金。

以上数则，仅举大略，至其详细，当另订专章也。（录自第五期）

史久衡

中国之运命

一、政治借款

近世列强海外经营之政策，不独抱通商贸易主义，实则弱肉强食，各扩张其领土，垄断其财团为目的者也。此资本政策实胜于炮火弹丸，凡扩张权力于海外，固无不系于资本之大小，而分割其土地财产，亦赖金力之强弱以为断。灭印度、波斯，分土耳其，岂非殷鉴乎？夫企图借款，利用资金之势力为坚固政治的基础，为获得土地财产之基本，实最良之战利品也。试观列强遍布财团，活跃于吾国各地，其最著者，如英之汇丰银行、法之印度中国银行、德之德华银行、俄之俄华道胜银行、日之正金银行、比之华比银行等。以上诸财团，各与本国财团相呼应，永为外交上之心腹，发挥其辛辣之手段，以吮膏吸髓为能事，故凡中国借款之成立，莫不以此等银行为投资之机关。今各国之间，竞争剧烈，而尤以政治借款与铁路借款为最。兹先将列强之对于中国政治外债之概况见表1。

表1 列强对中国政治外债之概况

年度	债款名	债权国	借款额（磅）	未还额（磅）
一八九五	俄法公债	俄法	一千五百八十二万	九百七十四万五千四百四十六
一八九六	英德公债	英德	一千六百万	一千零九十万一千四百七十五
一八九八	同上（续借）	英德	一千六百万	一千三百十四万八千九百五十

续　表

年度	债款名	债权国	借款额（磅）	未还额（磅）
一九〇一	"团匪"事件赔偿金	十三国	六千七百五十万	六千三百八十四万七千二百六十八
一九一一	邮传部借款	日本	一百零二万六千零四十三	一百零二万六千零四十三
一九一一	四国借款	英美德法	四十万	四十万
一九一二	克理思借款	英国	五百万	五百万
一九一三	五国借款	英法德日俄	二千五百万	二千五百万
一九一三	一次奥国借款	奥国	二百万	二百万
一九一三	二次奥国借款	奥国	一百二十万	一百二十万
一九一三	三次奥国借款	奥国	五十万	五十万
一九一三	瑞记洋行借款	德国	一百零五万	八十七万
一九一五	五分利公债	法国	四百万	四百万
总计				一亿三千七百六十三万九千一百八十二

今概括此种借款至一九一五年，未偿还总额已达一亿三千七百六十三万九千一百八十二磅，约中币十四万万元之巨额。言其利息，除俄法公债四分，英德公债四分半，"拳匪"赔偿金四分外，余均五分利息。以一年计算，利金已在六千万元以上。均将关税、盐税或酒税作抵押品，故中国重要确实之两大财源，已为外人所左右。又约定聘外国人为关税事务及盐务收入之顾问，此等税务之实权为国家之关键，又全在外国人之掌握中矣。而自一九一六年以迄今岁，更不知增几万万元之外债。且烟、酒税已于民国七年为担保品矣。呜呼！丧权辱国，一至于斯，果谁之咎欤？

英人维屋勃罗吾述中国事变及对中政略之一节曰："地球上藏天然富源，迄今尚埋藏于未开之国。所谓未开之国，果何在乎？非东亚大陆之中国乎？今列强所万目一的者，亦无非争夺此黄金土耳。列国之外交手段，所谓平和、文明、人道、博爱者，不过籍此美名，以欺无知无能者之巧术。盖飞耳张目、口蜜腹剑为野心家之本来面目，何足怪哉？况优胜劣败，弱肉强食，非惟古今东西之口头语，亦世界永久不变之大原则耳。近时，国际激烈竞争之活剧，即列强财团潜伏其中，有以致之。此财团决不如悠游于平和殿中温和之白鹤，实磨牙利爪，常图抟弱禽以充饥之悍鹫也。试观往昔财团活动于土耳其，土耳其人民虽勇敢，奈膏血已尽，不得不为强有力之财团所征服，而遂萎靡不振矣。则财团之活动于中国，恐中国不久亦将蹈同一之覆辙。况国外虎视眈眈，已掌握政治上、经济上及交通上之实权，国内犹争权夺利，同族操戈，欲不陷于分灭之运命，尚可得哉？"吾阅此论，诚激神刺骨，泪浪沾衣。呜呼！此直吐露列强野心家之口之实情，吾国民其知也耶？其不知也耶？

二、铁道借款

中国之铁道近已达六千四百三十五里哩其内由外国政府建设，属于外国人管辖者，如俄国之东清铁道、日本之南满铁道及山东铁道、法兰西之云南铁道四线是也。东清铁道自满洲里经哈尔滨至绥芬河，并由哈尔滨到长春，九百二十哩之本线外，尚有支线一百五十哩。南满铁道则于大连、长春间之本线四百三十七哩，安奉线一百八十九哩，及五支线九十哩。山东铁道则青岛、济南间二百五十六哩。云南铁道则云南省会老开间二百八十九哩。以三国建设线，总计两千三百四十一哩。故中国铁道四分之一有奇，已成国际线，完全归外国人管辖矣。其余四千哩虽属中央政府或地方政府管辖，实则于建设之初，皆借外国债款，多属外国人所管理。虽约偿清后收回，然如今之中国，财政紊乱，日借外债尚不敷用，而欲达清偿之目的，能乎？否乎？兹将各国对于铁道借款权利揭列于表2。

表2　中政府铁道借款一览表

既成各铁道借款									
借款名称	债权国	经理机关	起债额	利率	实缴①	担保品	起债年	偿还期限	现负债额
京奉铁道	英	汇丰银行	二百三十万磅	五分	九〇	本铁道	一八九八	一九四四	一百六十六万七千五百磅
新奉铁道	日	南满铁道公司	三十二万磅	五分	九三	辽河东线	一九〇八	一九二七	二万二千一百四十四元
吉长铁道	日	南满铁道公司	二百十五万元	五分	九三	本铁道	一九〇九	一九三四	二百零四万二千五百元
正太铁道	俄	华俄银行	四千万法	五分	九〇	本铁道	一九〇二	一九三二	三千四百万法
道清铁道	英	北京福公司	八十万磅	五分	九〇	本铁道	一九〇五	一九三五	八十万磅
广九铁道	英	中英公司	一百五十万磅	五分	九四	本铁道	一九〇七	一九三八	一百五十万磅
沪宁铁道	英	中英公司	三百二十五万磅	五分	九五.五	本铁道	一九〇三	一九五三	二百九十万磅
沪宁铁道购地	英	汇丰银行	十五万磅	六分	九二	本铁道	一九一三	一九二四	十五万磅
沪杭甬铁道	英	中英公司	一百五十万磅	五分	九三	本铁道	一九〇八	一九三九	一百五十万磅
汇丰汇理银行	英法	汇丰银行印度中国银行	五百万磅	五分	九四	京汉铁道收入及盐酒烟税	一九〇八	一九四八	五百万磅

①原文此列无单位。

既成各铁道借款									
借款名称	债权国	经理机关	起债额	利率	实缴	担保品	起债年	偿还期限	现负债额
京汉铁道邮传部	日	正金银行	一千万元	五分	九五	京汉铁道收入	一九一一	一九四六	一千万磅
津浦铁道	英德	汇丰银行德华银行	五百万磅	五分	九三九四.五	本铁道	一九〇八	一九三六	五百万磅
津浦铁道继续	英德	汇丰银行德华银行	四百八十万磅	五分	九四.五	本铁道及厘金	一九一〇	一九四〇	三百万磅
京汉购路公债	英日	塘福喜公司正金银行	六十四万四千四百磅　二百二十万元	七分	九七.五	京汉线收入	一九〇〇　一九一三　一九〇〇	一九三二　一九二五　一九二二	六十四万四千四百磅　二百二十万元
汴洛铁道	比	比利时电车铁道公司	四千一百万法	五分	九〇	本铁道	一九〇三	一九三三	四千一百万法
南浔铁道	日	东亚兴业公司	七十五万磅	五分五	一〇〇	本铁道	一九一二　一九〇四	一九二七	七十五万磅
安正铁道	日	日本兴业银行	四十万元			本铁道	一九一五		四十万元

续 表

借款名称	债权国	经理机关	起债额	利率	实缴	担保品	起债年	偿还期限	现负债额
未成各铁道借款									
汉粤川用铁道	英德法美	四国银行团	六百万磅	五分五	九五	本铁道及厘金	一九一一	一九五一	六百万磅
陇海铁道	比	比利时电车铁道公司	一千万磅	五分五	九四	本铁道	一九一二	一九五二	四百万磅
泗郑铁道	日	正金银行	五百万元	五分五	九四.五	本铁道	一九一六	一九五六	五百万元
同成铁道	法比	比法铁道公司	一千万磅	五分五	九四.五	本铁道	一九一三	一九五三	一百万磅
浦信铁道	英	华中铁道公司	三百万磅	五分五	九四.五	本铁道	一九一三	一九五三	五千四百五十四磅
宁湘铁道	英	中英公司	八百万磅	五分五	九六	本铁道	一九一四	一九六〇	二百万两四十六万元
钦渝铁道	法	中法公司	六亿法	五分五	九四	本铁道	一九一四	一九六四	三千二百一十万五千五百法
琼州乐会宝庆桂林南宁沪甬六线	美	裕中公司大拉商会	二十二万磅三十万磅	六分		本铁道	一九一六 一九一二	一九二七	五十二万磅
总计			七亿五千八百余元						

　　以上迄一九一五年，铁道借款已达七亿五千八百余万元之巨额。此等铁道借款概系政府为保证，铁道利益为担保，名义上称为国有，事实上与外国铁道无异。中国支配权所及之铁道，尚不达千哩。

　　考中国铁道建设之历史，其在当初，不过徒饱当局者之私囊，以铁道敷设之特权许与外人，固非有发展本国交通之目的。迨经鸦片战争、甲午战争后，中国武力之孱弱，一旦暴露于世界，于是欧洲列强遂纷向中国要求特权，惹起剧烈之竞争矣。夫列强之热心于铁道建设权者，非仅资本家与建设者欲图工业的利益，实各图扩张政治上及经济上之势力范围，期欲保持优利地位，占据优胜之势力耳。故名义上虽为担保，可得收回利权，然在中国之财政，现状困难已达极点，能否收回，纯系事实问题，而今则显然为外国势力所支配矣。要之，中国铁道之建设史，实为丧权辱国之国耻史也。痛哉！

（录自第五期）

魏炳章

组织平民银行有益于小民生计说

银行者，融通资金之机关，经济社会之要地也，故觇一国商业之兴替，经济之情形，恒以银行业发达与否为判。我国年来银行事业发展颇速，固我国经济界之佳现象也。然察其前所举办之各银行，大都以农、工、商诸名义设立者，其性质专以农、工、商各业为主顾，故其利益只直接于农、工、商各业，而于小民未能稍受其利也。此则平民银行之设立急不容缓矣。

间尝研究东西各国富强之原因，莫不以奖励平民储蓄为主旨。此种银行大都由政府组织之，不专以营利为目的，而以奖励平民为唯一之要政。顾我中国，则政局扰扰，一般野心家日夕孜孜以个人权利为急务，安暇为国人筹划进行之策哉？虽然，共和国国民，凡事须有自动之精神，组织此平民银行，亦共和国国民分内事也。或曰：设此平民银行，无非为小民之储蓄，然今之储蓄银行亦伙矣，何必平民银行哉？余曰：不然。盖一种银行有一种之规例，若储蓄银行者，其存数至少之数有一定之限额，不足此额，即不能存入也。夫小民者，一无知无识之小苦工耳，终日操作，所得工资无几，多则不过数角，少则几百文，何能存入于储蓄银行也？平民银行则不然，多寡皆可储之，无有限定也。是故，此种银行之设，于小民生计有种种之利益。兹将管见所及，述之如下。

小民日常所获，除正当费用外，尚可余数角者，或数百者，或数十文者，每以其数微而眇之，虽欲积之，而又乏适当储藏之所，故将其所余，或耗之于烟酒之途，或费之于赌博游戏之场，且自遣曰今朝有酒今朝醉。此等謷言，相沿成习，是以若辈小民，一旦疾病发生，或失其本业，即无以支持者，比比然也。倘有平民银行之设，则小民出储藏有所，稍知节俭者，将其每日所余，即储之于银行，如此阅数年，或数十年之后，能得巨大之款，使一般浪费之徒，睹此情形，莫不从而效慕焉。一如此，十效焉，百效焉，千效焉，俾小民个个有成家立业之一日，即将来失业，或疾病等事发生，皆不致陷于危苦之地，岂不善欤？此平民银行有益于小民生计者一也。

小民既有此储蓄机关，则节省之心日切，故终日操作，益形勤恳。盖冀多得一钱，即于储款中多增一数，且于消费中尤为节省，一切嗜好及不正当之费用，去除殆尽。如此能使小民皆养成勤俭之习惯，岂不美欤？此平民银行有益于小民生计者二也。

小民既积有巨款，即可借此款以运用，或合资以创办公司，或单独经营商业，将来为大商家或大资本家，未可限量，然亦未始非今日储蓄微款之功致之也。若美洲之某某大王，始皆贫汉，间其成功之由，亦自储蓄微款而成。此平民银行有益于小民之生计者三也。

夫国之所以不治者，都由于一般小民好吃懒做，强者为萑苻，弱者为乞丐，社会弥罗其害。今小民既知储蓄之益矣，能养成勤俭之性矣，则道德日益高尚，而社会浪费失业之徒日形减少，是平民银行不特有益于小民生计已也。

观上之所述，平民银行于小民生计有莫大之利益，其设立之要，有不可一日缓者，望诸资本家，或有热心国事者留意也可。（录自第五期）

叶志清

论币制不划一商业所受之影响（一）①

言商政者每谓宜广立工厂，事制造以固其基，宜遍设公司，事企业以扩其用，而罕有及于币制者；不知币制关系重大，事理烦奥，实有过于立工厂、设公司者矣。盖货币为价格之标准，交易之媒介，工厂之所出，无货币不足以定其价格；公司之所业，无货币不足以为其交易。至于银行钱业，纯为货币而经营者，更无论。盖无货币，则无所谓商业也。故非划一其制度，则商业之不便孰甚。按货币之种类，以质之不同，而有金币、银币、铜币、镍币，世人杂用之，或以易于小量之交易用，或以易于大量之交易用，而其间贵贱之比例、铸造之权限，苟无标准以划一之。则货币之制度，散漫无纪，大量之交易，每支以贱值之币，贵值之币每镕为地金，移作他用，卒至贱币盛行，贵币匿迹，莫之能遏。即不然，以其贵贱之不一，铸造之任意，而物价腾贵，利率奇厚，时价每易迁动，亦终为其果于经济恐慌矣。若是，则币制不划一，影响于商业者凡三，缕述于左。

一、银行钱业等金融界之影响

银行钱业吸收资金以减货币之有余，支配资金以补货币之不足，操纵金融之流通，固无不恃乎货币。苟币制不划一，则以贵币之匿迹也，金融急则无从支配，金融缓则无从吸收。以时价之易迁动也，金融之高低不测，难得其操纵流通之速，不特银行钱业无所施其技，无所行其业，而社会经济将搅乱不宁，商业前途将危险难问。

①题中（一）（二）（三）为编者所加。

二、普通商店之影响

夫货物之买卖，虽视货物之多寡而贵贱，然亦视时价之高低与夫货币之充斥为转移。普通商店之买卖货物纯为营利，每进之于贱而出之于贵，察地趋时，以为枢轴，苟币制不划一，则以贵币之匿迹，时价之变动也，商人不能预察市情，不能妄事投机，杜商人冒险心之发启，至企业凋敝，商事废颓，岂细故哉？

三、国际汇兑之影响

国际汇兑与外国商业关系极大，国家之兴替，全视国外商业发达与否，而国外之商业发达，虽恃出品之精良，要亦不可不注意于国际汇兑。盖国有国之货币，不能杂其用，至他国贸易，必以己国货币之实价，合作他国之货币以兑之，其间损失者为本位较低之国，而尤以币制不划一者为最。故苟币制不划一，所失岂不大哉？国外商业陵夷，而欲参与商战，以期胜利，吾未见其可也。

是故，欲兴商业，必一币制。币制一则金融流利，无缓急之虞；币制一则货物畅销，无积滞之患；币制一则汇兑平均，无损失之币。我国货币，素无定制，近虽以银为本位，然多掺杂墨银，未尽划一。且东三省、云南、湖南诸地，或用俄国之货币，或用日本之货币，甚且或以银角为本位，或以金圆为本位，纷杂错综，难以清理，其影响岂仅及于商业已耶？呜呼！此国之利竟任滔滔而去，彼国之利不能源源而来，漏卮尽矣。国之将亡，当道者有志振兴商业，其急务货币之划一而再言商，则金融流利，货物畅销，汇兑平均，振兴商业于不知不觉之间，岂徒空言提倡已哉？致鱼莫如渊，致鸟莫如丛。海内之有志商政者，欲辟一捷径，非划一币制莫由。（录自第五期）

陆翰芹

论币制不划一商业所受之影响（二）

货币者，用以为交换之媒介、价格之标准之物也。商业者，处于需要、供给两者之间，懋迁有无化居，于中取什一之利之行为也。是知经营商业者，以货币经济为主体也，货币制度完善，则商业以之而安全；货币制度不完善，则商业以之而受害。其货币制度之完善与否，影响于商业前途，岂浅鲜哉？

我国货币之制度不一，其成色之多寡不同、重量不等，故有甲地之货币不能通用于乙地，丙地之货币不能通用于丁地。即用之，亦有贴水等弊。尚有辅助货币，如小银角铜币之类，其价格各地不同，且时有涨落，经营商业者致常有亏耗之感。英格伦歇姆之法则，谓良币与恶币并行，恶币必驱逐良币。此所以我国今日币制之不能划一，恶币逐良币，以致价格之不同，金融之不裕也。

然金融滞则商业何以发展？盖商业本以营利为目的，货币价格既有贵贱，则货物价格亦以之而又变更。故每储而不售，或因之而亏折，且彼此币价不等，于汇兑上殊欠敏活，商业被其影响匪浅也。彼欧洲各国商业之所以发达者，商人既受政府之保护，而于币制又甚完善故也。然则我国既欲商业之臻于发达，首当统一其货币之制度，俾营商者不致受种种不测之影响，有企业之志者无灰心，无缩志，斯则美矣。

至其划一之法，当认定一成色多、重量足者之货币，名之曰主币，务使全国一致通行。其价值为十角，所有小银角均作十分计算，不得有高下之别。铜圆为十厘，则其计算便而全国价格同，争执少而商业之危险轻，岂不善欤？（录自第五期）

叶志清

论币制不划一商业所受之影响（三）

太古蒙昧之世，人类交换互用实物，固无所谓币制也。自国民经济发达以后，交通便利，贸易盛行，觉物物交换之不便，乃选一适当之物而为吾人所爱好者，以为交换之媒介，称之曰货币。此各国币制之所自昉也。币制既行，则生产者与消费者之间，自不必直接交易，而有商人为之媒。盖商人贸易，非货币不为功，既于一方以币易货，复以他方以货易币，辗转流通，因而获利者也。故商人对于货币之关系至为密切，而币制之善否，甚有影响于商业者不待言矣。

然则币制之善与不善，各国立法虽有不同，要以一国行政区域内，币制能划一与否为原则。英人格勒歇姆氏谓良币与恶币并行，则恶币驱逐良币，必致金融扰乱，社会恐慌，殆言一国之内，不可容有成色不同、重量差异之同种货币。换言之，即一国之内，货币不可不划一也。盖币制划一，则金融不致有过缓、过急之虞，而商业得常立于稳固之地，否则，流通不广，价格不齐，运用之际既乏周转灵活之利，授受之时复多称量辨别之劳，由是金融阻滞，物价腾贵。格勒歇姆之法则见行，经济社会之恐慌以起，商业不亦大受影响乎？

我国币制久已盛行，而素无统一之善策，第以交通不利，贸易不广，商业上尚不觉有何影响。洎有清末叶，海禁既开，国际贸易发生，我国商人渐感币制不划一之痛苦，厥后外国货币输入，货币益以纷纭，其价格也或瞬息万变而常不能一致，其流通也或限于一地而难用于一方，金融状况时有变迁，其影响于商业，良匪浅鲜。加以我国政府对于币制方面，既无斟酌改良之计谋，更缺严重取缔之能力，于是不法之徒，乘此图利，或减其分量，或掺其杂质，以致同一货币而有真伪、轻重之分，在商人虽或能考察精详，辨其成色之良莠，而交易之际，得毋失其支付敏活之效能乎？且币制庞杂，汇兑尤为困难，我国国际贸易，因汇兑关系，损失甚巨，殆亦以此。

呜呼！我国币制之不划一，在世界殆不多观，无怪乎商业不振，以至于此也。昔日本维新之时，首先改良币制，盖亦深领格氏之意。吾国秉政诸公，其亦将注意及此而谋划一之方乎？（录自第五期）

张景皓

长春钱币状况论

长春为东三省通衢之地，贸易繁盛，商贾林立，钱业之发达在三省尤首屈一指，然币制之紊乱，种类之复杂，亦未有过于长春者。试论述之。

本埠钱币，除大小现洋外，所通行者咸系纸币，如金银则罕见焉。至纸币之种类，可分中、俄、日三种。日本之金票，自俄帖（卢布）跌价，信用日坠，而行用渐广。南满、北满一带，凡前俄帖通行之处，今无不使用金票（老头票），流通既远，未免发行过滥，是以去冬金票价格一落千丈，几蹈俄帖之覆辙。日人有鉴及此，在长春方面，极力维持，设法收回，因之价值提高，今与我中、交行之一、二大洋票价值相等。果能长此维持现状，不复滥发，其价格亦不致低落。

所可虑者，乃吾国之纸币耳。如中、交两行，现所发行之大、小洋钞票，目前虽未受永衡小洋（有纸币而无现货）影响，不易推行，然小洋票价尚不甚低，大洋票价尤在金票之上，稍甚自慰。其信用扫地、颓靡不振者，即流通吉省之永衡官银号纸币是也。该号开设以来，滥发纸币，先则官帖，继则小洋、大洋，现在之价值，较二年前已落至数倍。推厥原因，盖缘吉省军政年费多取给于此，该号不顾信用，无限滥发，并无实力维持，不能兑现之所致耳。现经官厅限制钱商营业，勒令收拾钱摊，于信托所、交易所则派警监视，以防奸商渔利，任意操纵，且言以三百万现款维持钱法。夫奸商垄断居奇，不顾大局，唯利是图，至堪痛恨，禁之亦治标之道也。而最重要者，则在准备实款。何则？金票早推行于长春，因以实款收回，故得几蹶而复振，中、交两行所以无惶恐之现象，亦恃有实款以维持之故耳。吉省当局果能副人民之望，实备底款，补救钱荒，则长埠商民，将戴之如父母，此亦挽回利权，抵制外货之一事也，不禁延颈企踵以俟之。（录自第五期）

周国埙

金融机关犹人之血脉论

汽机行动赖内部之组织，其组织中之占重要者，厥惟锅炉，微锅炉，则全部停顿矣。夫人之所以能自由营生者，亦赖内部之组织也。第人之组织繁复，有排泄器、运动器、消化器、呼吸器、神精器、五官器，犹有循环器。循环器者，即血脉之总称也。是物之重要与汽机中之锅炉，仿佛一所以使机械之旋转，一所以使人活泼，能各用其器也。或曰：呼吸机为人之重要部分，呼吸器一止，则人生命绝矣，岂有血脉定行而生命即去哉？未之闻也。余窃笑是人之陋，举一隅而不以三隅反也，使引电力而阻其一部之血脉可知矣。其所阻之处，吾可顿见麻木而失其一部分之效用也。一部既若是，而其他各部如受此应响，亦可想而知矣。医经云贫血为死症之由，何况引电力而阻其一部分哉？

然则凡事胥可类推，如以锅炉譬及人之血脉，今以血脉未使不可譬及国家之金融机关也。金融机关何？国家藉以活命之机关也。如国家欲练兵，无此而可乎？欲兴实业，无此而可乎？故因此而有工界金融机关、农界金融机关、商界金融机关，以及其他军政各金融机关之设备。若工界今日有金钱不敷之虞，则工界金融机关出而补救之。某界发生如是之关系矣，则某界出而融通之，如是者恒以为常。正如人之血脉然，流行四散，无所往而不到也，如肺动脉而分歧其微血管于肺脏中，使肺得呼吸不绝。他若神经排泄各等器，弥不有血脉等输运之，使之得各用其用也。设或血脉之各支配宣告破产，则各部分亦必失其效用矣。若金融机关，亦未使不然也，往往以数系之危险，而牵肘统系也。然则以一国之大，立足于二十世纪角逐之际，工可少欤？农可少欤？商可少欤？抑其他各部均可少欤？设或不备，安望各机关之整理有条耶？故各部分均不可少。既不可少，当然具有重要之关系。既有重要之关系，是当设备富裕，各金融机关俾使各部周转灵滑，措手自如。否则，若今日中国之现状，将有不堪言状者矣。

　　呜呼！贫血可畏，延医诊之；汽机失动，技匠修之。乃者金融机关如此现象，将如之何？听之欤？抑弃之欤？是在执政柄之有为诊治之，修理之，庶有豸乎。（录自第五期）

施宗翰

学理与经济

吾人所习之代数学，一计数之学问也。然数之为数，固何由可得见乎？设吾人写一数（1，2，3，……）于黑板上，则板上即现有一定形之白粉一堆，然此即名之为数，可乎？夫用粉笔所写之号码（1，2，3，……）系白粉，约占寸许之地位，但数之本质，绝非此白色的占寸许之地位也。故数与号码，吾人必须明晰而分辨之：号码系一实物，吾人可以眼见之，而数则由吾人之理想推述，如几何学上之点、线、面积、形体是也。算学上所用之一点，其状态为一圈，圈之大小，可任吾人之意义而定。因此，吾人可闭目设想此点，犹在空中假试处。简言之，即算学的本质（点、圈、线等，1、2、3、4等，亦系算学之本质）乃理想以内之想象体，非由木、石等所构成，亦无轻重之量，乃空气中有范围之一平常记号耳。故算学上之意象，乃理想以内之物也。

立于此反对地位者，为天然界之实体物，金石、植物、动物，系吾人身外之物，而现诸宇宙者也，可明见之，可触觉之。或坚固，或柔软，或轻，或重，或透明，或不透明。总之，天然界之实物体，乃以物质而成者也。

事物既有不同，故算学之真理与天然学之真理亦异。夫算学绝非能出乎理想者也，所以吾人脑海中必应具有能算算学之能力，一如试金石必具有能测知金石类之能力（一种矿物可测知金石类之硬度），故真理即可凭理想之公论而推定之。今设有人发明一算学定理，苟不与理想之公论相悖逆，即可认其为算学的确实之定理。

天然界则不尽然。若吾人用一定之颜色、重量及坚度（或软或硬）而定一物体，虽此物在宇宙间已有迹象，然苟凭理想，决不能认其为天然学之公理。故算学乃不可为辩驳之真理，实评断实体物之真理也。

照上节之理解，故天然学者，须用种种法则而研究物之构成，经若何之进化而始变成是项之状态。盖天然学者，非仅能以理想明之，必由经验始克定夺。吾人今日所得之物理、化学等之新知识，亦莫不由此而获之也。

算学之新知识，则渺渺浩浩，荡乎吾人灵性之内，而决不能用一如物理、化学之同样试验而成立也。以算学仅运用于理想以内，故宇宙之形形色色，必须由经验的学理考察之，而绝非由理想的算学所能知之也。

在昔人类知识未开之际，尚不知有所谓理想物与天然物，亦即不知天然之造化也。经千百年以后，哲学之士相继而起，费无量之脑力，受多种之经理，始可推测其中之奥妙而制定之。然在今日天然造化之奥妙，谓已尽启之可乎？则人所不明了者，尚不可胜数。此今日博学之士，尚竭其智力，广其经验，鼓其好奇之心，孜孜焉悉心考察而不倦者也。

近今以来，科学之所以昌明，无非由理想与经验而得。昔之所不解者，今已领悟矣；昔之所不知者，今已发明矣。由斯观之，人之所以能主宰于地球之上者，其原动力惟理想与经验耳。然造化之奥妙未尽启发，前已言之，故今日之种种科学，其不能领悟与尚未发明者，吾人宜悉心考察，思有以领悟之，发明之，是则吾人之天职也。昔德国人豪钧特（Goethe）（生于一七四九年，殁于一八三二年）尝云：人类乃由黑暗之世界渐进于光明。此可知世界进化无穷期，而吾人之研精学术，亦断不容有止境也。（录自第一期）

朱　彬

调查

中国本部著名商埠之调查

中外通商由来已久，自东汉以来千有余年，虽贸易时有盛衰，而往来相继不绝。至于有明，如西班牙、葡萄牙、荷兰等国，联袂而来，航行于非洲南端，互市于我国海滨，南海澳门遂为葡有。迄于清初，英人方领印度，占有东洋通商航海之权，渐注意我国贸易，其后因鸦片之战，订立《中英条约》，而五口始开。自是以后，强邻虎视，以我国为商业竞争之新舞台矣。于是各国缔结通商条约，又派遣领事，以处理通商事务，使节往来，日益频繁，而交通贸易，亦大有进步焉。兹将于我国本部之商港，及著名市场，分三大部，而略述其开港由及、贸易物品之种类如左。

一、北部诸省

天津Tietsin

天津属直隶省之天津府，由一八六〇年（清咸丰十年）《南京条约》之补遗条款，订为万国通商口岸，于一八六一年五月开放者也。其输出品多为农产品，以粗制品为最，如羊毛、驼毛、羊皮、牛皮、麦秆、药材、膏粱酒、花生、牛骨、杏仁、干枣等类。输入品以精制品为主，如棉布、棉丝、毛织物、金属、机械类、海产物、磷寸、石油、纸、铁道材料、石碱、砂糖、木材等类是也。

北京Peking

北京为我国首都之所在，盖政治之都市而非商业之都会也。

秦皇岛Tsinhuangtao

秦皇岛为渤海湾内之半岛，自西历一八九八年，由我国自行开放者也。输出品有羊毛、驼毛、麦秆、石炭等。输入品以棉布、棉丝为大宗。近来筑防波堤、大栈桥，设备完全，规模宏大，实东方诸国所罕有也。

张家口Changkiakow

张家口在直隶之北部，当中国与蒙古交通之要冲也。其贸易之种类可分为三区：中俄间陆路贸易，间接外国贸易，中国、蒙古间贸易是也。其输出品有绸缎、绢物、棉花布、丝线、棉线、铁器、杂货类、家具、饮食类等是也。

芝罘CheefooorYenlai

芝罘，又名烟台，为一八六二年开放者也。由本该港输出于外国之物品为柞蚕丝、山茧、麦秆、桐油、豆类，鸡卵等类。输入品之重要者为棉布、棉线、磷寸、石油、石炭、麦粉、砂糖、纸类，纸烟、昆布、石碱等类。

青岛Tsingtao

青岛在胶州湾内，依西历一八九八年（光绪二十四年）《中德条约》，租借德国而开放者也。输入品之重要者为棉布类、棉线、石炭、染料、矿山、机器、石油、砂糖等，以德国品为最多。输出品以豆类，麦秆、花生、桐油等为多。

二、中部各省之商埠

上海Shanghai

上海本为我国江苏省之一县治，自清英鸦片战争终后（即道光二十二年，西历一八四二年），依《南京条约》开放之五大商港之一也。该港输出品之重要者为生丝、茶、米、棉花、麻、烟草篮等。输入品之重要者为石油、砂糖、麦粉、棉丝、棉布、毛织物、棉织物、铁、石炭、杂货等，其他之矿物器械、海产物、木材、兽皮、漆器、陶器、磷寸等次之。

镇江Chingkiang

镇江地属江苏，在扬子江南岸，因咸丰八年之《天津条约》，于咸丰十一年，即一八六〇年四月开放者也。其输出品之重要者为米、杂谷、花生油、兽皮、镇江绸、纹缎蓝等。输入品之重要者为棉布、石炭、洋货、海产物等。

苏州Sooohow

苏州为江苏之首府，因光绪二十一年（一八九五年）之《马关条约》，于光绪二十二年（一八九六年）开放者也。其生产品之重要者为米、棉、茧、生丝、绣织物、铁器、木器、石玉角，及其他各种细工物扇、首饰等。此乃工业地耳。

南京Nangking

南京开放于光绪二十三年（一八九七年五月），输入品为棉类、石油、砂糖、磷寸、洋货等，输出品为牛皮、胡麻、茧、生丝、绢织物等。

吴淞Woosung

吴淞因光绪二十四年（一八九八年）为上海分关（江海关）而开放。港内潮汐出没，风波澎湃，无停泊之便，故仅为远洋航船之寄泊港而已。

芜湖Wahu

芜湖属安徽省，因光绪二年（一八七六年）之《烟台条约》，于光绪二十三年（一八九七年四月）开放者也。输出品为米、豆、丝、烟草、鸡卵、绢织物、麻、棉花等，输入品为绸缎、棉纱、毛织物、杂货等。

九江Kinkiang

九江在江西省之北隅，因咸丰八年（一八三八年）之《天津条约》，于同治元年（一八六二年）一月开放。其输出品重要者以豆类、鸡卵、牛皮、胡麻、纸麻、麻布、水蓝、茶、陶瓷器为主，输入之重要者为棉线、棉布、杂货等。

汉口Hankow

汉口为我国内地商业之中心，清宣宗以前已为四大镇（朱仙、景德、汉口、佛山等镇）之一。处在长江上下之总汇，未通商以前商业已盛（开放之由未详）。该港输出品为菽豆、豆滓、麻、茧、红茶、白蜡等，其输入品为人参、药材、纺织丝、铜、海产物、石油等。

沙市Shashih

沙市因光绪二十一年之《马关条约》，至光绪二十二年（一八九六年十月）开放者也。其输出品为花生、谷物、麻、棉花、鸡卵、胡麻、茧丝、鱼、烟草、毛皮等，输入品为麻布、纺织丝、毛织物、染料、胡椒等。

宜昌Lehang

宜昌因光绪二年之《烟台条约》，于翌年（一八七七年）四月开放者也。其输出品之重要者为生丝、白蜡、药材、棉花、麝香等，输入品以棉丝、棉布为主，海产物、毛织物、杂货次之。

岳州Yohchow

岳州于光绪二十四年（一八九八年）中国自行开放。其输出品为中国酒、石炭等，输入品为洋纱、棉丝、烟草、磷寸等类。

长沙Changsha

长沙于光绪二十八年（一九〇二年）之《中英改订条约》及翌年之《中日通商条约》，于光绪三十年开放。输出品之重要者为果、麻布、茶、纸、木材、石炭等，输入品之重要者为海产物、棉织物、绢织物、砂糖、杂货等。

重庆Chungking

重庆因光绪二年之《烟台条约》，光绪十七年（一八九一年）开放者也。其输入品为棉布、棉丝、棉花等，输出品为生丝、白蜡、药材、麻、鸟毛、羊毛、砂糖、虎骨、豚毛、生木耳、革、麝香屑、茧等类。

杭州Hangchow

杭州因光绪二十一年之《马关条约》，翌年（一八九六年）九月开放者也。输出品之重要者为茶、生丝两种，输入品为洋布、棉丝、石油、砂糖、铁、海产物及杂货等。

宁波Ninpo

宁波因道光二十二年（一八四二年）之《南京条约》，至咸丰十一年（一八六一年）五月开放。输出品以茶、棉花、米、纸、豆油、茧等，输入品以洋布、棉丝、砂糖为主。

温州Wenchow

温州因光绪二年（一八七六年）九月之《烟台条约》，翌年四月开放。输出品为木材、雨伞、密柑，输入品为棉布、铁、石油、砂糖等。

三、南部诸省

福州Foochow

福州因道光二十二年（一八四二年）之《南京条约》，咸丰十一年（一八六一年）六月开放者也。输出品之重要者为茶，木材次之。输入品以洋布、棉布、石油为主。

三都澳Shantuao

三都澳于光绪二十四年（一八九八年）中国自行开放者也。该地为孤立于海中之小岛屿，岛内无产物，故贸易不盛。

厦门Amoy

厦门因道光二十二年（一八四二年）八月之《南京条约》，同治元年（一八六二年四月）开放。输出品以茶为最，输入品为洋布、棉布、丝、面粉、石油、米等。

广州Canchow

广州自道光二十二年（一八四二年）八月之《南京条约》，至咸丰九年（一八五九年）十月开放。输出品之重要者为药料、茶、棉布、砂糖、席、陶器、烟草、纸、花爆等，输入品之主要者为米、麦、豆、棉花、棉丝、金属、水产物等。

汕头Awatow

汕头因咸丰八年之《天津条约》及咸丰十年（一八六〇年）开放者也。输出品之重要者以砂糖为第一，烟草蓝、夏布次之。外国输入品之重要者为洋布、棉丝、石油，内国输入者则以豆、豆饼、米、谷为大宗。

三水Sanshui

三水因光绪二十三年（一八九七年）之《缅甸中英通商修正条约》①，同年二月开放。输出品为麻袋、团扇、纸、花爆等，输入品为石油、棉丝、磷寸等。

琼州Kiung-chow

琼州因咸丰八年之《天津条约》，至光绪二年（一八七六年）四月开放。该岛富于矿物，且产良木材，其输出品亦以此为著。

北海Peiha

北海因光绪二年之《烟台条约》，翌年（一八七七年）四月开放。输出品为蓝汁、牛皮、亚麻、仁油、落花生、桐油、砂糖、药材等，输入品之重要者为棉布、毛织物、石油、药材、棉花、磷寸、杂货等。

梧州Wuchow

梧州因光绪二十三年（一八九七年）二月《缅甸中英通商修正条约》，同年六月开放。输出品为砂糖、药材、牛皮、蓝油等，输入品为石油、棉丝、棉布、花布、木棉、铁、磷寸等。

龙州Lungchow

龙州因光绪十二年（一八八六年）四月之《中法国境修正条约》，开放于光绪十五年。该地因交通不便，故商业不振，惟于军事上言之，亦重要也。

①即《中英滇缅境界及通商修正条约》。

蒙自Mengtze

蒙自因光绪十二年（一八八六年）四月之《中法国境修正条约》，至光绪十五年开放。其地瘴疠之气时为行商者之患，故商业亦因之不振。

河口Hokow

河口因光绪二十一年（一八九五年）六月之《中法通商修正条约》，开放于光绪二十三年。

思茅Szemao

因光绪二十一年之《中法通商修正条约》，至光绪二十三年（一八九七年）二月开放者也。

腾越及亚东Teng-yueh and Yantuny

腾越因光绪二十二年（一八九七年）七月之《缅甸中英通商修正条约》开放，光绪二十八年实行。而亚东因光绪十九年（一八九三年）之《印藏条约》补遗条款，于翌年五月一日开放。

以上所述各港，虽主权有尽失者，而名义尚存，不若香港与澳门等明示为英、葡之殖民地也。

本国商港一览

（一）北京　（二）天津　（三）秦皇岛　（四）张家口　（五）芝罘

（六）青岛　（七）上海　（八）吴松　（九）苏州　（十）镇江

（十一）南京　（十二）芜湖　（十三）九江　（十四）汉口　（十五）岳州

（十六）长沙　（十七）沙市　（十八）宜昌　（十九）重庆　（二十）杭州

（廿一）宁波　（廿二）温州　（廿三）福州　（廿四）三都澳　（廿五）厦门

（廿六）汕头　（廿七）广州　（廿八）三水　（廿九）梧州　（卅）北海

（卅一）琼州　（卅二）龙州　（卅三）蒙自　（卅四）河口　（卅五）思茅

（卅六）腾越　（卅七）亚东。（录自第一期）

赵怀德

海门市情概略

海门滨临东海，从前商业无甚足观，近年以来，因交通日形便利，贸易遂逐渐发达，今已成为吾浙一大埠。治束装来此，已历三载，于当地商情略有所知，兹特笔述数纸，寄投母校校友会杂志。自惭芜陋，聊贡所闻，以供参考耳。

一、地位

海门为台州门户，扼六县之咽喉，地处椒江南岸，东滨于海，西距临海县治仅百二十里，南通温州，北达宁波，台属全郡货物，以本埠为集散地。然在二十年前，不过为临海东乡之一小镇，蓬蒿满目，荒凉寂寞之状，难以言喻。自有轮舶以后，内外商业，遂有蒸蒸日上之势。盖因其地位便于陆海交通，故发达亦颇速也。

二、交通

本埠尚未敷设铁路，交通全恃轮船，故遇水路梗塞之处，运输货物，殊形不便，其中尤以天台、宁海、仙居三属为最。一旦商品缺乏，则货物踊贵，而外埠之廉价品，因阻于交通，急切不能应其需要，故内地商情，颇形呆滞。他若温州、宁波、上海三处，各有轮船往来。计往来上海者共有平安、平阳、永利、蕃盛四艘；往来宁波、温州者有永宁、永利、宝华三艘。

另有安川一轮，系直接往来宁波，不转过他埠者也。通信机关，如邮局、电报局、民信局等，均已设立。

三、出产

台属四境皆山，平原稀少，惟临海一方，沃田颇多，产米极盛，价亦较外埠为廉，现因阻于禁例，不能出口。职是之故，仅供内地粮食，不得销售外埠。余若鸡蛋、棉花、白鲞、海味、松板、柴炭，以及牛、羊等类，出口银数，年百万元左右。至冬季，则黄岩之橘子，产额颇丰，最旺年份，达七八十万元云。

四、进口货

内地风气未开，工事不讲，除农产品外，各物皆须他埠运来，而洋货营销极多，近年尤甚。兹举其大者如下：美孚油，十万元强。亚细亚油，十万元弱。火柴，二三万元。香烟，二十余万元。洋纱，五十万元左右。其余如药材、日用品、瓷器、陶器、装饰品等类，不胜枚举。据常关调查，每年出口货仅一百余万，而进口货常在二百五六十万，二者相衡，输入超过当在一百三四十万以上云。此不独海门为然，中国内地类多如是。推其根源，实缘知识浅陋，工业幼稚，而洋货反能精益求精，日新月异，故得畅销无阻也。

五、交易

海门轮船通后，今年限既不甚远，故乡村旧习，仍多沿用。在不甚发达之镇中，每定一适当之日期，远近人民，群聚交易。而海门则逢三逢八为各乡镇交易最盛之时，举凡鱼鳖、粗布、米谷等，无不纷至沓来。海门另有一特别性质，在轮船局家遇有货物装彼船者，可先行向局家支取其货物代价之七成或八成，待商品售出后，可偿还其债务于达到之商埠。考其性质，颇与随货汇兑（押汇）相类。惟随货汇兑，领款时须另出汇费，此则无费支出，故装货者既得先行运用其资金，而轮局复可收取其水脚，诚一举两得者也。

六、金融机关

海门本一小镇，轮舶通后，商业乃逐渐发达，金融业随之以兴。当时操此业者，其业务极为单简，不过营一种类似随货汇兑之汇款而已。海门各轮船局，类多兼做此等业务，未可谓为金融机关也。辛亥以后，浙江银行先设分行，中国银行继之于后，是为海门金融业之嚆矢。他若钱庄、票号，犹未见增设也。

七、通用货币

货币种类尚不甚庞杂，除鹰洋、新币外，中国银行钞票及外国银行纸币悉能通用。惟北洋造币，稍须贴水。银两则市面全不通用也。（录自第二期）

朱　治

参观无锡乾甡丝厂纪要

戊午十月十二日，本校职教员率领全体学生旅行无锡，以参观学校、工厂，调查商情为目的。十四日晨抵无锡，上午参观学校，下午由该县商会介绍参观乾甡丝厂。该厂在无锡东门外火车洋桥，厂基面积十五亩，资本二十万元，皆召集商股，创立于民国二年。统计男女工人四百余名，男工六十余人，女工三百余人，皆就地召集，早出暮归。做工时间，上午五时起，下午六时一刻止。工资自一角至三角不等。所需之茧来自吴兴、无锡，出丝种类分正、副二号，以三跳舞牌为正，棕树牌为副。每日出丝二百零八磅。兹举其设备、工程于左。

一、设备

该厂工场分剥茧间、选茧间、称茧间、煮茧及缫丝工场、束丝间、验丝间等六部，备有引擎一具、三百马力发电机一具，机械及房屋均系自置，惟堆栈则向人租用。

二、工程

剥茧，剥去茧外之衣，事极简单，以十二三岁之女孩充之，计五十余人；选茧，选择其纤维之粗细，分为元、二、三号，事务较难，均系熟练之男工充之；称茧，分配茧量，发给各车，按时计工，亦男工任之；煮茧，一名打盆，事属简易，以女孩充之，计一百零四人。该厂丝车共两百零八座，操作者均系女工。余如束丝、验丝，事务重要，皆选手法熟练、性质诚实者当之。

三、缫折

缫折因茧质之高下各不相同。去年该厂所收之茧，春茧凡缫折五百五十斤缫丝一担，夏茧凡缫折七百斤缫丝一担。其春茧百个中，八十四个能上车缫丝，余十六个为屑茧；夏茧百个中，仅七十二个上车缫丝，屑茧一名下落，其种类分双宫、污茧、薄皮、瘪茧、烂茧、汤茧、黄茧、绿松茧、湿黄茧、柴印茧、蓬松茧，以及上吐、茧衣等是也。

四、丝质

该厂之丝质因粗细分为九至十一（合验丝机四百转长，其重量为九钱以上、十一钱以下者为九至十一）、十三至十五、十七至十九、二十一至二十三等四种。该厂之三跳舞牌，即十三至十五也。（录自第四期）

崇　实

参观无锡广勤纱厂纪要

十月十五日，由无锡商会介绍参观广勤纱厂。该县丝厂计有三家，即广勤、业勤、振新是也，而三厂之中，以广勤规模为最大。该厂在无锡城外黄泥头，距城约三里，道路开阔，车马俱便，厂基面积五十余亩。尚有隙地，试种美棉，拟俟欧战平和，渐图扩充。资本二百万元，内三十万元系部款，余皆商股，创设于民国五年。统计工人一千八百余名，分日、夜两班，男工三百余人，女工一千五百余人，皆系就地召集。其工资不一律，普通工资自八分起至二角九分止，工头每日半元，副头目每日四角五分，堂管每日三角，机匠月薪六十元。该厂备有引擎一具，马力六百匹，购自英国赫伦顿厂，其所需之棉花大部来自靖江、太仓、常熟、通州等处。出产之棉纱计分四种：十二支、十四支、十六支、二十支。每日出纱四十箱，每箱四十包，每包十磅半。以织女为商标，均销售于江、浙等省。其工厂分八部，列举如下：

一、轧花工厂

系分离花核，并除去其混合杂物。该厂备有轧花机五十具，每具每二十四小时出花八百斤。

二、松花间

系开展花絮，并除去尘埃等物。该厂松花机一具，已足用矣。

三、清花工厂

此工场分二部，一使开发花絮，分离絮中隐藏之沙尘杂物，使棉絮益形纯白；二为筳棉，用以开展之纤维，成为薄片，卷于细铁杆上。该厂备有清花机七具：头号二具、二号二具、三号三具，每二十四小时出花絮五百二十卷。

四、棉条工厂

将清花机所出之棉卷，再以筳而为柔软之棉条。该厂备有棉条机（一名钢丝机）六十具，分元、二、三号，每号各九具。[1]

五、粗纱工厂

将钢丝机产出之棉条更伸长之，使之纤细，加以捻度，俾使精纺。该厂备有粗纱机共三十七具，元、二号各九具，三号十九具，每二十四小时出粗纱一万五千斤。

---

[1]原文如此。疑"六十具"或为"二十七具"之误。

六、细纱工厂

将粗纱更纺而成细纱，为纺纱之最后工程。该厂备有细纱机四十具，每周出细纱四十箱，每箱四十包，每包十磅半。

七、成束工厂

将管丝挠成小绞，以供贩卖。一小绞之长为八百四十码。该厂成束机共二百五十具，每具锤数一百个。

八、打包工厂

以棉纱十二束为一包，其重量十磅半，即一百二十余两，两端用棉纱结束，外包以纸，并盖商标，名为一个。合四十个，用压榨机缩小其容积，装入木箱，箱外缚以铁索，名为一箱。该厂备有打包机五具。（录自第四期）

崇　实

海宁工厂及过塘行调查报告书

海宁为杭县东下第一县，钱塘江泛流于东南，潮浪猛烈，海宁全境，文化不一，未始非因此而致之也。境内之工商业，东南与西北因交通之便塞，而有幼稚时代与发达时代之区别。盖东南为钱塘贯流之处，旧时舟楫乘流上下，以资交通，上溯金、衢、严等地，下可直达东海，隔江与萧山、余姚相对，故有过塘事业，略可称述。西北则以沪、杭输轨必经之处，且水道四通，东可以至嘉兴、上海，西达杭州。如硖石、斜桥、长安，皆为本县之巨镇，工商业之盛兴，几等大邑。今将本县之过塘行及工厂调查所得略述于左。

一、过塘行

过塘行在县城东门外之塘边。此处为上下商船之重要泊所，过塘货物，咸集于此，船舶多时，江中但见帆樯林立，颇饶风景。过塘货物最盛时期，在春为二、三月，在冬为十、十一月。上塘货物为纸、柴炭、绍酒、豆饼、锡箔诸大宗，下塘货物为米、丝、棉花诸大宗。常见货堆遍地，肩挑不绝。沿塘有过塘行三，其名称组织，分述如下：

（一）行名

一曰乾大近记过塘行，二曰源隆盛过塘行，三曰洽和裕过塘行。

（二）资本

乾大近记过塘行资本六千元，系合股营业，栈房三十余间。源隆盛过塘行资本五千元，系合资营业，栈房约三十间。洽和裕过塘行资本二千元，系独资营业，栈房十余间。

（三）上、下塘货物及去处

各行过塘货物，上塘为柴炭、纸、绍酒及百货，下塘为米及百货。上塘货由内河到苏州东乡，下塘货由外海到西江、南沙、姚江或宁波等处。

（四）性质之异同

乾大近记过塘行及源隆盛过塘行专司过塘事业，洽和裕过塘行兼营柴炭业，各行过塘货物每月均有，惟米货则无。

（五）取费法

各行取费均以件计，每件取大洋二分。

（六）沿革

乾大开设有七十年之久，民国元年改为乾大近记。源隆盛旧称元隆，开设有四十年，光绪三十一年改为源隆盛。洽和开设有四十年，民国二年改为洽和裕。

二、工厂

海宁实业向以农业著名，自沪杭铁路开通以后，沿路各镇工业渐兴，向之家庭工业，今渐改为工厂工业，虽为数不多，亦可为振兴工业前途之一点新气象也。今将各地之工厂举其具有工场制度者历述于左。

（一）贫民工厂

在城中，于民国三年成立，出产绸缎、布匹甚夥，系官款创办者。

资本：创办费二万五千元，再每年由县署公益项下拨给经常费二千四百元。

器械：织布机六十余具，形式较旧式改良。织绸缎铁机六具，是最新式之机，由上海购来。

原料：棉纱以六十支、四十二支为最多，余如二十支、十六支亦兼用之。纱由上海购来，丝为本地所产细丝。

出品：布有条格、爱国等名，绸缎亦有多种，岁值约万余元。以棉织品为最多，绸缎较少。

销路：棉织品及丝织品批发至上海、杭州各绸庄，本地亦设零售店。棉织品认为免税品，丝织品认为有税品。

分科：有经织科、棉织科、丝经科、染色科，各科设艺师一员或二员。其他，所长一人、会计一人、管理二人。

艺徒：原额六十名，丝绸科二年卒业，棉织科一年卒业，已经卒业者二次。

（二）悦来布厂

在长安镇，民国二年开办，合资营业，为商人经营者。

资本：二万元。

器械：织布机一百只，织绸缎铁机四只。

原料：每月用洋线十件，用洋纱六件。

出品：丝光线、呢哔叽条格、爱国等布。每年出货约一万六千匹，计洋八万元。

销路：杭、嘉、湖各埠，在本地亦设零售店。

分科：有染色、拉经扎、综纱间、落布各科。

（三）信成布厂

在硖石镇，宣统二年开办，为商人合资经营者。

资本：二万元。

器械：织布机一百只，织绸缎铁机十四只。

原料：每月约用纱线二十件。

出品：丝光线、呢哔叽条格、爱国等布。每年出货约一万七千匹，计洋八万五千元。

分科：分染色、拉经扎、综纱间、落布等科。

（四）振兴袜厂

在硖石镇，宣统二年开办。

资本：一万元。

袜机：三百只。

出品：每天出丝光线袜三百打。

原料：纱线粗者本国所产，细者购自外国。

销路：江、浙两省各地均有销售，其他各省亦间有之，然在浙江者为多。

分科：染色科及发机科。

（五）华新袜厂

在硖石镇，民国元年开办，为商人所经营。

资本：八千元。

袜机：二百只。

出品：每天出丝光线袜二百打。

原料：丝线大半购自外国。

销路：江、浙两省，在浙江者多。

分科：分染色及发机二科。

上述各厂，择其大者言之耳。盖不备工场制度者实多，难以调查，故未采入焉。（录自第四期）

席　鹏、沈祖兴

海宁市盐场调查报告书

我国滨海之利，自古以鱼盐著名，与外人通商以来，鱼业日渐衰败，而盐业则岿然独存。况国家之岁入，实半赖乎盐税之维持也。海宁市为浙江省之边县，地富钱塘江之首冲，东出为东海，西上为金、衢、严等地，潮流上下，水陆咸利，古名盐官，诚得天然之地利而为产盐最良之场所也。观夫沿江一带，自西至东，绵亘百里，自昔以产盐闻名，设官征税，故其关系不独为江、浙二省之民食，且为全国盐场之一大重要地也。学生两人久居斯地，略知一二。今不揣简陋，将调查所得，陈明大概，以供研究。

一、产盐之所在地

我邑之南，沿钱塘江之滨，利于煮盐。在县城之西者有六，曰杨家庄、马牧港、胡家兜、大荆场、庙湾、宇字团；在城东者有六，曰九里团、新仓团、旧仓团、大山圩、头圩、弍圩。沿塘百里之内，居民八万，莫不依煮盐或产卤为生计焉。

二、产卤之所在地

卤为成盐之原料。本县之东，如大山圩、头圩、弍圩等沿江之处，均有广阔之沙地，江潮之来也，挟有盐质，其味咸，故沙地居民恒以潮过之土刮起，使自土中淋出，其淋出之流质，乃为成盐之卤质，即售与本地制盐之灶家，每年产额约有二万担盐斤之卤质（卤质浓淡不一，平均计算，每卤百斤可煎盐二十五斤）。其所产之卤，仅可供给于本地之需要，而沿塘各灶之用，故不得不仰给于浙东之余姚沙地所产也。

三、各地制盐之灶数

各地以范围之大小及销路之盛衰，故制盐灶数亦因之有多少也。杨家庄有灶一所，胡家兜有灶九所，马牧港有灶三所，大荆场一带有灶四所，宇字团有灶一所，九里团有灶七所，新仓团有灶十八所，旧仓团有灶五所，大山圩有灶一所，头圩有灶三所，式圩有灶三所。

四、盐灶分季灶肩灶之别

同为盐灶而性质各异。季灶者，由廒商设舍煎盐，按日会同场署秤放局，过秤上仓，储存宿盐，再由杭、嘉、禾、苏、常、镇、建、平等各引商完税，持准运各单到产盐地配捆。肩灶者，其每日所煎之盐，仅以本县境内按担发贩肩挑，供本县民食。杨家庄大荆场、宇字团为季灶，胡家兜、九里团为肩灶，新仓团、旧仓团为季灶。大山圩、头圩、贰圩之灶为小灶，与前二者又不同。其煎盐以及其他业务，虽呈报场局，然其盐需解嘉属商人所设之廒若干斤外，乃尽私售于袁花，名曰老小盐。其事相沿已久，断难禁止，故官厅采宽和主义，仅守隘口，不使其冲销远地而已。

五、制盐之原料

制盐之原料品者，即卤质与柴是也。卤则由余姚市石堰场购运至境，柴则由严州、桐庐等山村购运而来。卤质浓淡不一，平均计算，每百斤之卤质可煎成二十五斤之盐，每百斤之柴可煎成八十斤之盐。

六、各地之产额

（一）本县盐灶所产

每年之产盐数量，略有上下。马牧港、胡家兜十二所灶，产盐计四万余担；杨家庄、大荆场五所灶，产盐计三万余担；宇字团一所灶，计产盐三千余担；九里团七所灶，计产盐一万余担；新仓团十八所灶，计出产九万七千余担；旧仓团五所灶，计出产四万余担；大山圩、头圩、贰圩七所灶，计出产二万余担。以上用客卤煎成盐，共计约有二十二万担；用本地卤煎成盐，仅二万余担。

（二）非本县盐灶所产

庙湾（在大荆场之东）有储盐仓一所，由嘉、湖商人在余姚收晒盐过塘来储于此，每年计四万三千余担。

大荆场之西，有盐仓一所，由嘉、湖商人所设，为备本县水陆缉私营盐警缉获私盐后之储藏所（按斤数向嘉盐公栈领赏），每年多少不定，近来每年约计千担。

七、每年投资之银数

各灶所用以经营业务方面之资本，每廒约计须万元。若精确之数额，调查颇难得其真相也。今将其实质方面所投之资本共同计算之，较为确实也。如每年所成之盐，除用本产卤质外，纯用余姚之卤质，有二十二万余担之盐斤，即八十八万余担之卤质。每卤一担，若平均计算价银为一角五分，则合计资银为十三万二千元有余。再所成之盐二十二万余担，用山柴煎出，每百斤之柴须价洋六角，则合计资银为十三万二千元有余。

八、纳税

盐税以担计之。季灶则概由引商先向盐运使署转稽核分所完纳若干担之税金，领得准单运单，乃赴产盐地配盐。至于税银之多寡率，前清初季每担不过制钱百文，至末季递增至一元二角。民国成立以来，全国盐税统一，每担征税二元。

九、销地

盐灶除肩灶就地销售外，季灶多销售于远处，然均有一定营销区域。马牧港、胡家兜所煎之盐有销售于嘉属之崇德，有销于本邑之西半境；杨家庄、大荆场、小荆场专销杭属，如临安、余杭，湖属之程广及苏五属等地；宇字团之盐销于本邑之西境；九里团之盐专销于本邑之东境；新仓团、旧仓团之盐专销嘉属之嘉善、桐乡，湖属之程广及邻省之苏、常、镇、建、平等地。

储盐仓之晒盐从余姚过塘运至嘉、湖，与场盐输销谓之公运。

功盐仓之盐，亦由引商完税后，持准运各单配运，销嘉、湖各地。

十、卤盐之计算法

卤质之优劣，则以莲子辨别之，因莲子试验为准确也。通常以莲子十枚藏于竹筒，称为莲筒。当卤之舶来，每以莲筒浸入卤中，提出视之，以莲子上浮者之多寡而分其优劣。优者上浮之莲子多，劣者上浮之数少。惟沿塘各灶，情形亦略有不同也。

每煎盐一盘，用卤十二担，即一千二百斤。成盐一盘，平均计算为三百斤。一昼夜成盐九盘至十盘不等，每盘需时二旬余钟。

十一、盐厫创设之规模

盐厫以肩灶、季灶之分，故范围略有不同，然须具备左之五项。

（一）煎盐舍

地点须在塘边建筑，只求坚固，不求形式上之精巧。上盖以瓦，或盖以稻草，以避风雨，中间为煎盐之铁盘，容卤之高度约一尺，而积长四丈、阔二丈。

（二）储盐桶

须近于煎盐舍，故恒设在煎盐舍内。

（三）堆柴所

常在灶舍之四周隙地，一为上柴之便利，二为用时之便利。

（四）仓房

为储盐之所。在季灶，则每日所煎之盐无即日出卖之性质，故必须多数之仓房以储之。其地点须便利于捆盐之河埠，其建筑以坚固及不为风雨所侵为目的。在肩灶，则只备一二间足矣。

（五）事务室

为办事之处，只取乎办事上之便利为原质，均在当事者之意思而定之可也。

十二、盐场之官厅机关

海宁市之各团盐场，向分为二区之场宰。自杨家庄至九里团止为许村场，管理产盐区域内关于盐务事宜，公署在县城之内。自新仓以东者为黄湾场，公署设在新仓镇。许村场之查验所曰杭查验所，其在黄湾场之查验所曰嘉属查验所。

自盐税抵于外国之后，银行团订定条约，由外人设总稽核所于北京，设分稽核所于产盐各省之省城，再于产盐各场设秤放局监督盐场一切事务。国家虽有场宰，几失处理之能力行为，任意他人，莫敢谁何。噫，辱国之象可不叹哉！

十三、沿革

清乾、嘉之际，海宁市滨海之处制盐事业颇为发达，其灶数十倍于今。自道咸之间，浙西松江一带产盐场沙地日涨，出盐日盛，所有苏州、常州、镇江、太仓诸地销路，俱为松江之盐，而杨家庄、大荆场、小荆场、新仓、旧仓等处制盐灶，日渐衰落。迨同光之际，浙东余姚地方发生晒盐，无待煎制，而湖州、苏州、常州、镇江等处销地商人，呈准官厅，在该处收买晒盐运销各地，盖取其价廉也。乃尔非仅杨家庄、大荆场、小荆场、新仓、旧仓之制盐灶愈觉减色，而且使大、小山圩，头圩，弍圩之土，产卤制盐，销路杜绝矣。民国以来，正是多事之秋，有倡议废煎灶用晒产。呜呼！此所谓未辨将来之利害者矣。晒盐之成，赖天然不依人工，而天然之功，往往未能可操胜算，苟天时不济，则徒劳而无成，其数量不能整确，则彰彰明矣。况煎灶成效已久，一旦骤行废去，则役于斯者，将何以生也？合计沿塘人民，赖此以营生活者数万余人，若此则夺民之生以自肥，其遗祸于社会可胜言哉？且以人工之制造而反就天然之制造，是大背乎今日天演之进化也。（录自第四期）

钱万成、席 鹏

杭县物产略说

杭县以地势而论，右襟之江，左带四湖，无崇峰峻岭之绵亘，地方平坦，土质肥沃，故物产饶于农而缺于矿。至以人民之智力言之，则心地聪慧，思想缜密，故于学术、工艺颇能深造。即如丝织物一端，亦可窥其一斑矣。兹将本县物产约略分述如左。

一、天然物

（一）动物

我国陆产动物以家畜为主，故牛羊、豕犬、禽鸟、昆虫之类随地有之。至若本县之蚕，则为昆虫中之最有用者也。

水产则有蚬、蛤、蟛、蚏、虾、蟹、鲤、鳜（用以制醋鱼，味颇鲜美，名宋嫂鱼。前清乾隆有"入座先尝宋嫂鱼"之句）、鲢、鲫、螺（以西溪出者为最佳）、海蛳（为立夏节应有之味）、鳗、水凫等。

（二）植物

本县西多山田，东多平地田，盖地势使然也。大抵旱种较多，而早稻薄于晚稻，故省城之米，每不敷用，大半取给于四方。湖墅即其集散地点也。

菜蔬有本园（本园，本地之意）之笋、西湖之莼菜、古荡之毛笋、笕桥之莱菔、小林镇之姜及东园菜（盖菜之最佳者）、王坟豆、青豆、南瓜（相传出于南藩，转入闽、浙，故名）、冬瓜、黄矮菜、油菜、白菜等类。

果品有皋亭山（俗称半山）之梅（用以制梅脯、半梅、蜜饯梅、梅酱等，销行甚广）、桃、杨梅（炭梅为最佳），塘栖之甘蔗、枇杷、蜜橘，西溪之梅，南山之栗，平窑之柿，临安之白果，西湖之藕、莲、菱、茭，赵圃、学圃、陈圃之水蜜桃等。

药材有笕桥之麦冬、元参、白芷等，驰名于世。

龙井茶叶，一称本山茶，制以虎跑之水，味特清冽，可称我国绿茶之冠。其最佳者为明前，即采自清明节前之茶叶，作荳花香，每斤价约六元左右。他若玫瑰花（出在花园根）、白菊花（每斤约六、七角不等）、黄菊花（每斤约二、三角不等），亦为名产，而可供饮料。

此外，烟叶、麻、桑等，出产亦颇多。烟叶大都产于笕桥，麻有黄、绿二种，出笕桥临平。桑叶用以饲蚕。本县既为著名之产蚕地，故桑叶之出产额亦颇不少也。

（三）矿物

有四乡之石灰、石膏，暨西湖南北山之青石，用以为捶五金及锡箔之墩及捣衣之砧。盖取其光腻也。数年前，有人于西湖茅家埠开掘煤矿者，旋以未获成效，废止开采焉。

二、人造品

本县物产，与茶并著者，厥惟丝织品。如绸缎、绉纱、纺罗等，莫不花样工致，质地坚美。盖丝质之佳，实有以致之也。而以铁机所织者尤为精美，本机则略较逊色。织绸厂有纬成、振新、虎林、日新、九成、天章等，丝行有周泰兴、陈胜和等。丝绵、丝线本地亦佳。

杭地夙有五杭之称，即舒莲记之杭扇、张允升之杭线、孔凤春之杭粉、宓大昌之杭烟、张小全近记之杭剪是也。

本县鼎新、通益各纱厂之纱，华利、大丰各布厂之布，履安和记、云飞、华隆、萃隆诸袜厂之纱袜、线袜，自治习艺所之毛巾，丽华玻璃厂之玻璃，光华公司之火柴，振新公司及平民工艺厂之肥皂，复利公司之墨水、牙粉、浆糊、香蜜、香水、花露水、美颜液、雪花粉等，武林铁工厂之造面、轧花、舂米、救火、抽水等机，以及造火柴机发动机、截纸板刀、打花板机、新式铁床、保险箱等，亦多精良完善，抵制外货，挽回利权，功颇不浅也。

本城食物，如西湖之藕粉、方裕和之蒋腿、万隆之南肉（俗称加香肉），均甚著名。

平民工艺厂之竹制几椅、围屏、横额、对联、笔筒、照相架，藤制之箱箧、几椅及铁制之山水、花鸟各种屏幅，均精雅绝伦，他省罕有其匹。

胡庆余堂、叶种德堂、万承志堂之丸散饮片，天章之帽，边福茂、爵禄、泰昶之靴鞋，邵芝岩之湖笔，胡开文之徽墨，杭人均乐购之。又有油纸、蠲纸、谢公笺（有十色）及锡箔，均出省城。贡院一带，造锡箔者不下千家（见府志），然用以祀鬼，不足重也。（录自第四期）

黄炳炎

诸暨市城区商业状况报告书

窃惟邑城为全邑腹地，交通便利，贸易繁盛，于全邑商业关系甚重，故对于商业上之一切状况，亦不得不确实考察。今年夏，本校校长嘱各生调查本地商业状况，因本前史旧志，参以地方之商业真相，身亲调查，实地考察，质诸老成而采择焉。

一、地位

邑城为全邑腹地，当南北要冲，右倚长山，左临浣水，四面环城，而县治在焉。东出枫桥，西达草塔，南通牌头、安华，北与姚公埠相接近，货物之集散，商旅之往来，莫不以此为中心，诚吾邑首善之处也。

二、交通

四、五年前，轮船未通，商业上交通往来，全赖航船。船泊城外诸堤埠，自此埠循江而下，计二日抵省，运输货物，不便莫甚。一自轮船既通，航船之用，遂逐渐减少。诸杭小轮公司备有煤油、汽轮二艘，一往一复，日夜开行，由姚公埠至省城，计一日可达，交通较便。姚公埠以上，江路狭小，水流壅塞，汽轮难以直抵邑城，故自邑城至姚公埠，仍用公司驳船，往来上下；邑城以上，江流尤浅，运送货物，多用竹排。此外如邮政局、电报局、民信局等通信机关，均已设立，凡公署文牍报章，以及市面消长，物价低昂，一切商业上之信息，莫不赖之传递焉。

三、沿革

商居四民之末，吾暨自古贱之，读书之士，多鄙而不屑，以故商业不振。且僻处一隅，交通不便，仿绋古时闭关自守，虽有贸易，亦不过布帛菽粟，蚩蚩者日用之需。一自民智渐开，交通日便，邮局、电报，次第设立，商业遂日益发达，市场亦愈形热闹。又设商会以讲商务，办商轮以运商品，一改从来面目矣。

四、实业

曩时实业无甚足观，近年以来，民智日开，商业日盛，各种实业，亦日提倡。兹述其规模之大者于左。

（一）诸暨市第一平民习艺所

此所创始于民国五年，为吾暨首创之习艺所也。所在邑城之西，前面临湖，便于漂白染色。资本三千元，由县税拨给开办。其中分藤工、木工及机织三科。开办以来，成绩颇佳，闻将来有增加资本，添设染色科之议焉。

（二）电灯公司

本地绅商为便利商民，防灭火灾起见，拟集资本三万元，发起设立该公司于邑城之东，日间借电春米，夜间用电燃灯，一举两得，诚地方之善举也。惟现在公司房屋建筑未竣，机器未到，故尚未开办，闻开始营业约在本年秋季矣。

（三）振纶茧厂

此厂创始以来，七年于兹，每年春夏之交，常以资本二三万元，开厂收茧。茧子分㧬子种、桂圆种、榧子种、大圆头等，其中以㧬子种为最多，桂圆种为最佳，每斤平均约值大洋五六角。开厂约一月，自闭厂停收，后即将收买之茧运销于上海。

以上三种，规模稍大，营业尚有可观，其他如女子织布厂、女子织袜厂等，规模既小，资本又薄，且或作或辍，故不备述。

五、物产

物产以米、麦、丝、茧为大宗，兹分述于左。

（一）米

米之种类不一，曰江山早米，细腰而长，种自江山来，五月种，八月熟，邑产早米之最佳者；曰晚米，色微黄，粒圆尖，性糯，四月种，九、十月熟；曰糯米，性糯，有七月糯、八月糯、杭州糯三种。米为本地出产大宗，近城居民多以本城为米之集散地，年值五六万元，多供内地消费。

（二）麦

麦分大麦、小麦、荞麦三种，大麦穗长而子多，性糯，堪作酒；小麦熟于小满之前；荞麦熟于九月，畏霜，三棱而赤。麦为居民粮食之辅助品，产额较米稍次，岁熟约值万元以上，多销行于外地，或作酒、或佐餐。

（三）丝茧

丝分大茧丝、细茧丝二种，前者较后者劣，大概以洁白光泽、粗细均匀为最佳，岁值一二万元，多销行于本地丝行。茧以干燥洁白、颗粒均一，而不混有杂茧者为上品，产额约多丝一倍，皆销行于本地丝厂，惟供内地缫丝用者亦有之。

六、货币

货币种类，不胜枚举，现下所通用者，可分为钞票、现洋二种。钞票以本省中国银行钞票，及外国银行钞票为最有信用。惟使用则以本省银行所发行之钞票为限，且须信用昭著（外省银行钞票概不通用），否则照例贴水，或全不通用。现洋则以鹰洋、新洋流通最广，北洋造币须稍贴水，而银两之制，则废止久矣。

七、金融机关

吾暨僻居浙东，商业幼稚，一切商业上往来汇划，全恃钱庄、票号。其汇划之法，大都用三联单，一为存根，一为验兑，一为验解。验解其名曰根，受款人对于发向地之钱庄，必待根到取款。此种庄号，规模既小，资本又薄，无左右本地金融之力，实无所谓金融机关也。

八、保护商业政策

保护商业政策，惟警察所最为完善。警察所在县署侧，警佐在焉。所内以县知事为所长，警佐专其责成。约计警察五六十名，日夜挨次，分班立岗，以维持地方，保卫治安，使交易得以公平，街市赖以清洁，于本地商业，诚有益也。（录自第四期）

郭东元

崇德县商况概略

崇邑地滨运河，为沪杭交通之中心点，商务一道，夙称繁盛，而石湾一镇，尤为之冠。唯无大资本家，故无大公司、大厂号之组织，良可惜也。第积少以成大，启塞以为通，是在观察其现况而计划于将来，会而通之，推而广之，斯为得耳。兹以去岁暑假期内调查所得之大略情形，胪陈于后。

一、地位

崇邑位在省城北一百一十里，东北绣溪桥界桐乡，西南安业桥界德清，东南大有桥界海宁，西北小平桥界吴兴，运河经流，丘陵绝迹，一冲积平原也。

二、交通

运河自德清入境，港汊交歧，舟楫称便。南、北、中三沙渚也，长安塘也，瓜塔泾也，沙士泾也，徐家泾也，钱林泾也，虽皆不过一衣带水，然小航行尚能通行。运河本流，则有轮船，北自苏、沪，南至省垣。而县城及石湾两处，均有轮船码头，重要地也。长安塘为县南十二里之航路，可直达长安车站，现有小轮船，自乌镇经石湾及县城而至长安，当日往返，并有无数火车渡船（俗称绍兴快班船）往来其间，旅客称便。至通信机关，如邮政局、民信局等，县城石湾、洲泉等地均早设立。县城并有电报局也。

三、物产

崇邑为三吴腴壤，民多务农，每年物产，仅足供内地需要，惟蚕丝一项，每年产额颇大，销售于杭州、上海等处，年约十万余斤（公秤）。兹将物产种类分别表之如次。

（一）农产品

（1）谷类：早稻、广籼、晚稻、大麦、小麦、蚕豆、黄豆。

（2）蔬类：冬瓜、西瓜、香瓜、白菜、芥菜、青菜、黄矮菜、薤、蒜。

（3）果类：桃、李、杏、梅、白枣、香圆、枇杷、柿、石榴。

（4）药类：菖蒲、夏枯草、紫苏、地骨皮、益母草、甘菊、金银花、藿香、括萎。

（5）木类：白皮桑、鸡脚桑、火桑、乌桕、梓、松、杉。

（6）竹类：胖竹、旱竹。

（7）花类：棉、菊。

（8）草类：麻、烟草。

（二）畜产品

（1）羽类：鸡、鹅、鸭。

（2）毛类：猪、羊。

（3）虫类：蚕、蜜蜂。

（三）水产类

（1）鳞类：鲤、鲢、鲫、鳗、鳝、鳅。

（2）介类：蟹、鳖、虾、蚌、螺蛳。

（四）工产品

（1）货类：丝、绵、棉布、紫花布、麻布、绢、绸、油、酒、醋、酱、席、铜、铁、锡、竹、木、石漆诸器。

以上各种，除农产品外，余均不足自给，多由他埠输入，而以洋货为尤多。盖工业不发达有以致之也。

四、实业

崇邑土地肥沃，河港交歧，便于灌溉，故业农极盛。工业则无大资本家、大实业家为之提倡，故尚在幼稚时代。而商业尚称发达，兹举商业规模较大者于下。

钱庄：鼎昌、鸿吉、汇源。

典当：善长、济恒、公泰、济通、协泰。

油坊：德生、永和、仁大、郭和、南车、北车。

丝行：汇丰、信昌。

米行：王恒泰、韩元利、蔡庆泰、汪正和。

木行：大昌道、江振隆、江德隆。

酱园：万森、益茂、隆泰、金人和。

绸缎京货店：丰泰、同福、锦章、屈同吉。

南货店：钟源顺、杨义顺、吴公盛。

茶叶店：方有盛、方大有、方同有。

羊毛行：源利、潘永兴。

五、商业机关

县城及石门湾均设有统捐局，以征收厘捐。设商会以维持市面，调查商业状况，且有各帮会馆，以共同决议工资。此外，茶会、盐引展览会、药业公所、丝茧稽查局、烟类专卖局等皆有之。

六、货币

货币种类尚不庞杂，银圆、钞票悉能通用，惟小银圆之安徽、吉林、奉天东三省等，稍须贴水。洋价随禾地而涨落，通常每元兑小洋十一角，铜圆三四枚，每角兑铜圆十一枚，制钱三四文，铜圆每枚值制钱十文，而银两则市面全不通用也。

七、其他

崇邑教育尚称发达，共计高等小学校四所，乙种商业学校二所，国民学校六十七所，模范国民学校一，女子两等小学校三，女子国民学校二，蒙养园一。而水陆警察，县城、石湾、洲泉、灵安、沙渚、高桥均有之。统计全邑人民，务农最多，经商次之，其他儒业、工业、医业占一小部分。至于市场买卖货物，多由乡间输入，故每日上午八时至十二时为一日中买卖最盛时期。各商店每遇一令节，索偿债款，为一小结束，待至岁终，为一大结束。此商业习惯，有以使之然也。（录自第四期）

俞　珩、田庆霓、沈　乂

浙江省会钱业之概况

杭州钱庄在光复以前仅二十余家，资本总额不过四十余万元，待国基奠定，营业骏发，营是业者，莫不利市三倍，一般资本家见而垂涎，均起而投资。八年以来，已增至五十家左右，资本总额约百万元，且仍年有所增，其前途正未可限量也。兹将其商号及其概况列表1于左，以见一斑。惟调查匆促，或有不符之处，尚祈阅者赐教是幸。

表1　商号及其概况

名称	经理姓氏	营业地	资本（元）	股东人数	每股金额（元）	备考
开泰	倪雨亭	大井港	三万六千元	八	三千	
太昌	陈辛伯	大井港	四万	未详	四千	
交泰	李友范	周公井	四万	六	四千	
安孚	陈宫卿	河坊巷	三万	三	二千五百	
永裕	闻鸿源	河坊巷	一万二千	五	一千	
瑞泰	陈作新	河坊巷	二万五千	四	二千五百	
蠡源	吴贻谋	河坊巷	三千	一	三百	
谦豫	王葆初	城隍牌楼	一万	二	一千	
衡康	钱济棠	城隍牌楼	六千	二	五百	
寅源	李春枝	清河坊	三万六千	五	三千	
同泰	吴舜卿	清河坊	二万	五	二千	

续 表

名称	经理姓氏	营业地	资本（元）	股东人数	每股金额（元）	备考
生昌	袁载春	清河坊	三万	二	二千	
庆和	毛浩甄	清河坊	三万六千	四	三千六百	
晋泰	吴位西	清河坊	四万	二	四千	
盈丰	袁华亭	清河坊	一万	一	一千	
谦泰	秦岳芳	清河坊	三万	未详	三千	
义昌	金福堂	保佑坊	二万四千	四	二千	
裕康	平绣章	保佑坊	一万六千	七	一千	
亦昌	杨邵增	清河坊	一万二千	五	一千	
延益	陈岳窭	清河坊	一万	四	一千	
志成	刘达卿	羊坝头	一万六千	三	一千	
惟康	宓廷芳	珠宝巷	一万六千	五	一万五千	又附本三万三千五百元
泰生	王康甫	珠宝巷	三万	三	二千	又附本二万元
鼎丰	华怡伯	珠宝巷	一万	未详	一千	
广昌	徐宪章	珠宝巷	一万	四	一千	
万康	黄汝泉	珠宝巷	一万六千	四	一千六百	
德康	王子球	三元坊	三万	五	三千	
诚昌	俞楚卿	三元坊	一万二千	五	一千	
怡源	米克勋	高乔巷	三万	五	一千	
德昌	姚庭荪	湖墅	一万	六	一千	又附本一万元
崟源	叶元赉	湖墅	三万三千	七	三千	

续　表

名称	经理姓氏	营业地	资本（元）	股东人数	每股金额（元）	备考
德泰	陈租甫	湖墅	三万	四	三千	
升昌裕	成乡泉	广兴巷	二万四千	一	二千	
元泰	倪幼亭	木场巷	三万	三	三千	
安裕	赵某	上八街巷口	一万	三	一千	
瑞康	未详	大福清巷	未详	未详	未详	
瑞和	孙宝山	东街	五千	一	五百	
宝昌	王槐新	信余里	三万	四	三千	
成康	俞品之	清河坊	一万二千	四	一千	
德丰	茹继惠	丰乐桥	一万	二	一千	
恒盛	李品圭	联桥	一万	三	一千	
义孚	傅受荃	联桥	一万	四	一千	
震和	余桂轩	联桥	六千	四	六百	
鼎泰	朱子明	有玉桥	六千	八	五百	
慎康	周震生	忠清巷	一万	三	一千	
泰康	沈绍炳	宝善桥	五千	二	五百	
泰源	李尧成	官巷口	六千	一	五百	
友记	未详	卖鱼桥	五千	一	五百	

（录自第四期）

张楸鹏

龙游商业状况

龙游为旧衢属五县之一，物产饶厚，人口繁庶，惟地处偏隅，交通堵塞，运输不利，故商业不甚发达。近年来，人民知识渐开，交通渐便，商业一途，亦渐有起色。兹以调查所得，胪举于次，或亦可得龙邑商况之一斑矣。

一、^①地位

龙邑处之江上游，仙霞走其东南，衢江流其西北，东界汤溪，东北界兰溪，南界遂昌，西界衢县，北界寿昌，东北距省城五百里。

二、交通

衢江又名瀫江，自衢县蜿蜒入境，贯通中部，为交通孔道，旅客之上下，货物之运输，胥赖之。近且备有快船多艘，上八十余里可通衢县，下七十余里可至兰溪，商旅之往来，尤称便利焉。灵山港来自遂昌，流经县城之东南而入衢江，本邑南乡竹木之属，皆藉此顺流而下。唯其港面狭而浅，仅可行驶小帆船，故运送货物犹赖人工之负担。至通信机关，民信局而外，邮政局亦早经设立，惟电报局则尚付阙如也。

---

①本篇底本无序号，兹为编者所加。

三、市镇

龙邑除县城为全邑商业之中心外，各乡皆有大镇。东乡则有湖镇，其城临筑溪之上，近接汤、兰二邑，为东北扼吭之地，贸易颇盛，尤为猪贩麇集之所。北乡则有茶圩镇，地滨瀫江，交通綦便，贸易兴盛，尤以米为大宗，每岁输出于兰溪、临浦、绍兴等地，其额约数十万石。南乡则有灵山镇，其地滨灵山港，离城五十里，为往遂昌、松阳必经之孔道，商业繁盛，不亚湖镇，为灵山港上第一集合场也。西乡则有团石镇，地滨衢江，其商业虽不及他镇，然为西乡商业之中心。此外小市场甚夥，惟狭隘零落，无足称述矣。

四、物产

龙邑串流纵横，污池错落，土地肥沃，利于农业，故农产独饶。每年除供本邑消费外，运销外地者为数甚巨。南乡山峦重叠，虽不利于农，而修竹茂林，触目皆是。木以制具作薪，竹以造纸制器，为本邑输出品之大宗，利甚薄焉。工业近渐改良，竹器、信笺之属，尤为他省所称道，其余制品亦较前进步。矿产则寥寥无几，复鲜从事开采者，故不多购。水产亦仅网罟所获，专供食用而已。兹将本邑物产分类举之如下。

五、农产品

（一）普通作物

谷菽类：粳米、糯米、糯米、小麦、荞麦、粟、秫、大豆、小豆、绿豆、赤豆、蚕豆、豌豆、落花生、玉蜀黍。

蔬菜类：①叶菜有菘、芥、苋、芹、芸苔、黄矮菜、菠、韭、葱、蒜、甜菜。

②茎菜有芋、马铃薯、藕、百合、笋。

③根菜有莱菔、胡萝卜、甘薯。

瓜果类：苦瓜、胡瓜、甜瓜、丝瓜、南瓜、西瓜、冬瓜、葫芦、茄、番椒；桃、梅、杏、李、梨、橘、柚、枣、柿、林檎、石榴、葡萄、枇杷、樱桃、栗子、莲子、菱角。

（二）特用作物

油蜡类：胡麻、芸苔、乌桕。

纤维料类：棉、麻、灯心草。

燃料类：蓼。

糖料类：甘蔗、萝卜。

香料类：茶、烟。

药料类：紫苏、薄荷、川芎、山楂。

六、林产品

木类：樟、枫、杉、柳、松、香椿、檀、桑、梧桐、桂。

竹类：毛竹、苦主、实竹、紫竹、观音竹、孝子竹。

七、畜产品

兽类：牛、羊、豕、马、犬、兔、猫。

鸟类：鸡、鹅、鸭。

昆虫类：蚕、蜂。

八、水产品

鳞类：鲤、鲫、鳗、鲢、鲻、鳝。

介类：蟹、蚌、鳖、虾、螺。

九、矿产品

金属：黄铁矿。

非金属：煤、石灰。

十、工业品

食品：酒、粉干、挂面。

用品：纸、竹木、漆器。

十一、货币

通用货币为银圆、银角、铜圆、制钱四种，钞票则唯本省中、交两行之兑换券可通用。洋价随时涨落，约银圆一枚换小洋十一角、铜元三四枚。

十二、实业

龙游因地势交通之关系，人民多以农耕自给，故农业尚称发达，而商业因以不振。工业以无大资本家、大实业家为之提倡，亦不甚发达。惟东南乡盛产竹，有纸槽数百家在焉，惜皆墨守旧规，不知改良。现有省立改良手工造纸传习工场设立于溪口，其制纸之法，尚能力图改良，制品种类颇夥，质量亦佳，惟产额尚不足以供消费耳。县立贫民习艺所设在城内，分染织、竹、木三科。近以纱品原料缺乏国货，遂废染织科，而专事于竹、木两科矣。至其他竹木号，则多因陋就简，不足以言振兴实业也。

十三、店铺

龙邑商业虽不甚发达，而普通各行业向已全备。兹将其铺户数目，并择其营业最大者一家为代表，录其字号、资本、地址共成表1如下。

表1　店铺情况

营业	号数	代表字号	资本（元）①	地址
钱庄	五	晋丰	一万五千	城内石板街
当店	二	保和	五万	城内濠沿街
米行	五十	汪怡泰	八千五百	北乡茶圩镇
木行	九	张鼎盛	五千	城北驿前
纸行	十五	张豫盛	二千	同上
铁行	四	章正大	一千三百	同上
盐店	五	宋恒兴	一万五千	城内大街
酱园	十二	王正丰	一万五千	城内濠沿街
绸缎布匹店	二十	姜益大	二万	城内大街
京广洋货店	十五	朱泰生	一千五百	同前
金珠首饰店	六	天吉楼	三千	城内濠沿街
锡箔纸张店	六	王同盛	三千	城内大街
参药号	三十三	滋福堂	二千	城内石板街
南货店	十八	朱圣丰	一万五千	城内大街
烟店	十一	严福隆	一千二百	城内石板街

①底本无"元"字，兹系编者所补。

十四、商业机关

　　龙邑商业不甚发达，故无完善之商业机关，惟城市设有商会，籍以联络商谊。城内之商团，即商会所设，团丁约计三四十人，经费由城内各商家筹集。盖设以备不时之虞者也。至行政的商业机关，如统捐局、烟酒公卖局等，则早有设立矣。（录自第五期）

张景皓、叶志清

杭州近年钱业利率统计

　　杭州银行业近维逐渐发达，然市面利率高下之权，尚操诸钱庄之手。钱庄计算利息之法有二，与顾客间所用之利率谓之毫息，与同行往来所用之利率谓之掉期，而毫息之轻重，恒随掉期而消长，故杭市率情形，实以掉期为标准也。掉期在前清系三日一期，民国初年改为二日一期，月大十五期，月小十四期，其涨落由钱庄公同议定之，惟最高限额定为百元每期一角五分。至民国八年，改称为日折，仍二日一期，惟最高限额缩为一角二分。民国九年，日折改每日一期，最高额改为六分。此掉期变迁之约略情形也。惟钱业习惯尚用阴历，兹特统计戊午、己未及庚申上半年之利率，列表1于左，足觇近年杭市金融之概况矣。

表1　戊午、己未及庚申上半年之利率

年	月	期数	每期最高额（元）	每期最低额（元）	月利（元）
戊午	正月				
	二月	一四	0.010	0.005	0.135
	三月	一四	0.020		0.260
	四月	一五	0.100	0.100	1.500
	五月	一四	0.150	0.005	1.030
	六月	一五	0.050	0.010	0.380
	七月	一四	0.100	0.040	1.215
	八月	一五	0.125	0.050	1.425
	九月	一五	0.100	0.020	1.225

续　表

年	月	期数	每期最高额（元）	每期最低额（元）	月利（元）
戊午	十月	一四	0.150	0.035	1.560
	十一月	一五	0.150	0.100	1.900
	十二月	一四	0.125	0.075	1.400
己未	正月				
	二月	七	0.010	0.005	0.040
	三月	一四	0.020		0.055
	四月	一四	0.120	0.005	0.695
	五月	一五	0.120	0.050	1.620
	六月	一四	0.100	0.020	0.950
	七月	一四	0.070	0.050	0.720
	闰七月	一五	0.100	0.010	0.760
	八月	一五	0.100	0.010	1.170
	九月	一四	0.120	0.100	1.520
	十月	一五	0.120	0.120	1.800
	十一月	一五	0.100	0.100	1.500
	十二月	一五	0.100	0.050	1.450
庚申	正月				
	二月				
	三月	二四	0.015		0.200
	四月	二九	0.060	0.005	0.565
	五月	三〇	0.060	0.005	0.677
	六月	二九	0.050	0.005	0.550

（录自第五期）

郑孝年

平湖县商况概略

平邑地势平坦，川渠错综，为浙西之屏障，扼汉塘之门户。农产之丰，海产之富，甲于全浙；商业之盛，工业之巧，冠于嘉属。惟俗尚奢靡，流为文弱，生虽有道，用乃无节，为可惜也。庆霓忝执教鞭于此，将半载矣，兹将数月间之所见闻，拉杂书此，致吾母校校友会杂志部，以供诸同志一览焉。

一、沿革

平邑在三代为扬州之域，春秋属吴，后属越，战国属楚，秦汉为海盐县治，顺帝时陷为当湖。自晋以后，为海盐东北境。梁置胥浦县，寻废。唐初迭入嘉兴吴县，旋还属海盐。宋元因之。明宣宗宣德五年，析置平湖县，属嘉兴府。民国废府，改属钱塘道。

二、地位

平邑在浙之东北端，浙省边邑也。东南滨海，遥对会稽道之余姚市，西南界海盐，西接嘉兴，西北邻嘉善，东境、北境与江苏省沪海道金山、松山二县接壤。九峰峙于南，三泖汇于北，形势冲要，交通便利，诚一重要之区也。

三、交通

平邑北与江苏边境毗连，松江、沪渎均一水可杭。西溯汉塘，以达嘉兴车站，日有小轮船三班，一自县城经新丰（嘉兴县属）而至嘉兴，一自新仓经泗里桥广陈县城而至嘉兴。一自乍浦经虹霓堰县城而至嘉兴。三班均当日往返，惟平湖班则每日往返二次。至通信机关，如邮政局、民信局等，县城乍浦、新仓、新埭、全公亭、虎啸桥等地，均已设立。电报局惟县城有之。电话公司，则创设于县城，新仓、衙前、虎啸桥、全公亭、乍浦、秀平桥、金丝娘桥、赵家桥、新埭等地，均有一零售处也。

四、物产

平邑为海疆沃壤，陆资稻麦，水饶鱼盐，兹将其最著名之物产录之如下。
农产品：米、麦、荳、菜、棉花等。
工产品：袜、酒、汕、糟货、酱货等。
畜产品：牛、猪、羊、鸡、鸭等。
海产品：盐、鱼等。

五、实业

平邑民丰物阜，实业夙称发达，兹将其实业最发达之各区述之如下。
（一）县城
县城东滨当湖，西扼汉塘，街衢八达，水道四通，东西两门，市廛如栉，商业殷繁，电灯、电报馆也，碾米公司也，汽油灯也，凡百具备；茶馆也，酒肆也，客栈也，袜厂也，随在皆是。东湖滨环城一带，商务尤盛，为全邑货物集散之区也。

袜厂：光华、美华、立大、当湖、仇东、振新、启新、振华、日光、乾昌、嘉禾。

米行：元裕协、胜茂昶、裕昌丰、瑞泰协、义森盈、大生、隆顺兴、万昌新、升源裕、仁大、聚记、五丰和、协茂宾、源大生、成大协、裕隆、计宾盛、祥升。

钱庄：同裕、瑞源、志成、恒升、永和、志大。

南北货：王大源、凝泰、元大、馨禄、徐正记、悦顺发、升泰顺、隆泰顺、裕大茂、公大祥和、东裕茂。

（二）乍浦

乍浦地处海滨，通商最早，远自日本，近自瓯闽，海舶争集于此，距今百年前，商业极盛。自清道光通商后，商业虽渐为上海所夺，然渔、盐等业发达如故，试观雅山麓附近一带盐灶之林立，亦可想见矣。

（三）徐带

徐带为东湖进黄姑塘东行十二里之镇，为乡民聚市之一小镇。

（四）虎啸桥

虎啸桥为东湖进黄姑塘东行二十七里之镇，输出土货、棉花极盛。

（五）全公亭

全公亭为东湖进黄姑塘东行三十六里之镇，东界金山，南滨海，鱼鲜满市，乡民多以鱼为业。

（六）广陈

广陈为东湖出洁芳桥东南行二十七里之镇，在宋元时市面极盛，海舶自乍浦进口，咸集于此。

（七）新仓

新仓为东湖出洁芳桥东南行三十六里之镇，居民稠密，市肆繁盛，为平邑东乡诸镇之冠。

（八）新垺

新垺为东湖出吕公桥东北行三十里之镇，镇东西长三里，富庶不亚于新仓，平邑东北境乡民之赶市者，咸集于此，贸易以小猪为大宗。

（九）泖口

泖口为东湖出吕公桥东北行三十六里之镇，镇当三泖之口，平邑与金山县交界处也。

（十）马厩庙

马厩庙为出西门西南行二里之镇，属大易乡，市面不佳，居民穷苦，不及东乡诸镇之富饶也。

（十一）青莲寺

青莲寺亦属大易乡，市面萧条，居民贫瘠，一如马厩庙。此外如虹霓堰、庙桥、秀平桥、周圩、韩庙、衙前、新庙等镇，市肆仅数十家，无足称述也。

六、其他

平邑教育发达，现全邑男子高等小学校五所：县立者一，曰东武；区立者二，曰观海，曰芦川；私立者二，曰贻谷，曰稚川。女子高等小学校三，曰淑英、九峰、存粹，均系区立。乙种商业学校一，曰颂清，系私立。余男女国民学校，全邑共五十余所。

平邑名胜古迹甚多，近城者曰德藏寺、陆清献公祠，曰东湖，曰显忠庙，曰弄珠楼，曰文昌阁，曰报本塔，曰龙头，曰南村书堆，曰放鹤亭，曰西林寺；近乍浦者曰苦竹山，曰陈山，曰高公山，曰菜荠山，曰雅山；近全公亭者曰全公亭；近泖口者曰水月湾；等等，皆是也。（录自第五期）

田庆霓

兰溪商业状况概略

兰溪昔为会稽郡乌伤县地，位之江上游，当衢、婺二水之交，商旅之所荟萃，船舶之所往来，市肆林立，商业颇盛。兹将暑假期内调查所得情形列述于下。

一、地位

兰邑位于北纬二十八度十二分，东经四度十分，距省城三百六十五里，东以栅头界金华之竹马馆，南以樟林界汤溪之赤井桥，西南以石硖界龙游之洋埠，西以晬山界寿昌之檀村，北以花塘界建德之白雁，东北以洪塘界浦江之横木。西南多山岭，瀫水横贯其中，永昌也、西溪也、游埠也、柱阳也，皆平列水滨，其所产粮食及木料之输送于县城者，悉赖此水而通连焉。其运输之法，不以舟楫而以木排，盖因水浅不便航行故也。

二、交通

自严东关以上至兰溪，水利至多。今桐江议事会议将桐江上流从事疏浚，俟第二期工竣，即可着手钱江轮船航路，东至金华，西至衢县龙游，往来称便。而兰溪上游，则约计民国十二年以后方可行驶小轮船，现在仅有各处公司驳船逐日行驶而已。至通信机关，邮政局、民信局等，皆早设立，各市镇更有邮政寄代办所处理邮政事务。电报局则在县城。

三、货币

兰邑货币曩皆行用墨西哥银圆，俗呼英洋，以其有一定之成分，一定之重量，信用孚厚，授受无阻。今则中华民国式与清龙式银圆一律通用，每银圆一元，约兑小银圆十一角、铜元三枚，或铜元一百三十五枚。制钱则以授受不便，渐见淘汰。纸币唯中行一种，行用颇广，且信用甚著。外省纸币，则概不流通也。

四、商业机关

统捐局分设于马口嘴南门黄盆滩，征收捐税颇为严紧。城内有商会，各镇均有分所，其目的在保护工商业者之利益，谋工商业之进步改良。其职员分会长、副会长、会董三者，会董由会员投票选举，会长、副会长由会董投票互选。皖、赣、闽、绍处又皆设有会馆，藉以扶助同乡，增进利益，维持公益，和协商情，划一价格，整理品质，调处同乡之争议。其他尚有烟酒公卖局、茧捐局等。

五、金融机关

昔日兰邑贸易上之往来汇划全恃钱庄，钱庄有定期票，同行汇拨，不支现银。若期前支取，必须贴水。迨后交通机关发达，信用制度渐启，中国银行、浙江地方实业银行次第设立，于是交易往来，皆藉以周转，而渐臻敏活焉。闻银行每年所得之纯利在二万左右，亦足以见兰邑商业之一斑矣。

六、实业

　　兰邑交通便利，商业发达，故上海、杭州各著名公司皆有支店。如商务印书馆、中华书局，为金华道各县发行图书之总汇。电灯公司初由本地绅商集资创办，后因机器损坏，电光不明，停办者数。民国七年八月，杭州大有利电灯公司在兰邑分设支店，从事经营，局面为之一新。贫民习艺所设于县城，出品颇良，价格亦廉。草帽及酱油等物，曾于民国四年加入巴拿玛万国博览会，均奖列一等。其他如漆作、木作、铜作、铁作、油作、纸作、烟作等业，亦莫不有之，而水作业中邵同兴号所制之喜饼糕、白馒首为邑民婚嫁祭祀必需之品，声名尤著。兹将兰邑著名商店列举于次。

　　钱庄：瑞亨、义和、宝泰、诚裕、晋昌、裕茂。

　　当铺：公和、万通。

　　油蜡行：严仁和、福朱和。

　　米行：唐源昌、鼎盛、郑万盛、王万余。

　　木行：洪瑞和、正大、和丰、唐万成。

　　绸缎京货店：祝裕隆、周同大、大源、裕大、恒大、大来。

　　南货店：西福茂、天泰、查德懋、德泰、张诒裕、鼎丰裕。

　　夏布店：严裕达、严春盛。

　　肉行：义和、万春。

　　参行：万昌瑞、华同泰、振华。

　　药行：茂昌、张如泰、同庆、吉六。

　　茶叶店：天泰、元泰、开泰。

　　水作店：邵同兴、柳福兴、郑万盛。

　　银楼：老凤祥、太和、庆和、庆华。

　　药店：天一堂、三益堂、保仁堂、瑞新堂、全益堂。

酱园：公源、正源、泰丰、叙丰、永裕。

火腿行：赵一新、开泰、蔡源发。

酒栈：王益丰、庆裕、潘品泉、徐广源、徐芝记。

烟店：赵一昌、于大新、翁昌泰。

肉店：恒源泰、朱义丰。

笔店：步青斋、凌云斋。

铁行：瑞泰、荣大。

旅馆：临江、迎宾、萍香。

山货店：同裕和、同益和、隆茂、双源裕。

锡箔行：祥泰、赵恒达。

纸店：陈振和、太和、慎言堂。

酒食店：腾云楼。

水果行：朱同丰、集大成。

七、产业

（一）农业

我国以农立国，故全国人民业农者占其多数。吾兰内有溅水、香溪二水，外接婺、衢二江，川流文汇，土壤肥沃，水流平坦，便于灌溉，故全邑人民以农为业者亦居其大部分，农产品种类繁多。兹分食用农作物与工艺用农作物二种，列图1于后。

```
        ┌ 食用农作物 ┌ 禾谷类：早稻、晚稻、大麦、小麦、荞麦、玉蜀黍等。
        │          ┤ 豆菽类：大豆、小豆、蚕豆、豌豆、黄豆、落花生等。
        │          └ 蔬菜类：青菜、芥菜、黄矮菜、冬瓜、西瓜、黄瓜等。
农产品 ┤
        │          ┌ 糖料类：甘蔗、甜菜等。
        │          │ 纤维料类：棉、麻等。
        └ 工艺用农作物┤ 药料类：薄荷、甘草、大黄、紫苏、菖蒲、金银花等。
                   │ 油蜡树液类：胡麻、桐、漆等。
                   └ 香料类：茶、胡椒、烟草等。
```

图1　兰溪农产品情况

（二）林业

兰邑人民不知森林之利，故童山秃岭，无处无之。近年来始渐行改良，各处竞相致力于植林，林业遂渐形发达。其森林种类可分为山林、丘林、天然林、人工林、私有林、供用林等。所产树木可分为建筑用材与薪材二者。建筑用材多为杉、松、柏、楮、樟、栎、枞等，薪材多为松、梓、柏、杉、栗等。其他如樟脑、松烟、木蜡、漆液，果类之桃、杏、梅、白枣、枇杷、杨梅、石榴等副产物，量亦颇不少。

（三）牧畜业

吾兰居民多饲养家畜，城内与各市镇均有牧场，其交易日期恒有一定，如游埠市之一、四、七，永昌镇之三、六、九，水亭市之二、五、八是也。又有选择猪腿之佳肥者，取而腌之，运销下游各县，谓之火腿，颇著盛名。其牧畜种类可分为牛、马、羊、豕四者，以牛、羊为多，马、豕次之。此外如家禽、蜂、蚕等，亦有饲养之者。

（四）渔业

吾兰捕鱼多在冬季，其种类可大别为二：一为鳞类，如鲤、鲢、鲫、鳗、鳝、鳅是也；二为介类，如蟹、鳖、虾、蚌、螺蛳是也。

（五）矿业

全邑矿产品以铜、锡为多，金、银、铅、锑等不见兴旺。非金属中，产煤较富，曾发现于此山。

（六）工业

全邑人民素善精巧工业，而于漆器、锡器、石器之美术的工业制品尤为巧妙。然在昔日，因交通不便，工业制品转销本地，不能远致他方，今则不然。现在组织最完备、股份最充裕者，首推贫民习艺所，内分木工、藤工、织工三科，成绩颇著。

八、商业

本地居民经商者甚少，重要营业多由客商经营，如钱业、南货业则皖省人营之，瓷器业则赣省人营之，洋货业、布业则绍兴人营之。每逢端午、中秋、年终三节，各商店皆结算账目，索还款项。年终则行总决算，综计其一年以内实收实付之额，以察财产增减情形、营业盛衰状况焉。（录自第五期）

邵桂芳

我国羊毛贸易之状况

我国羊毛之产地为甘肃、蒙古、山西、直隶、河南、山东等处，每年产额约四千万斤，有时可增至五千万斤。惟我国之羊种类与澳洲不同，又以饲养之不良，采取之不合，故羊毛品质亦较澳洲所产为劣。然今后于饲养、繁殖、采取诸法，苟能竭力改良，则亦不难与澳洲羊毛相颉颃也。

我国羊毛因现今世界各国毛丝类之需用渐广，输出额亦次第增加。当欧战发生时，各交战国军用毛布等物需要激增，因而由我国输往美国与日本之羊毛，尤呈从来未有之盛况。且我国羊毛之使用方法，前数年间，日、美两国已大加研究，颇合实用，则此后之需用，必较战时为广，可以断言。况就日本而论，因地理的关系，与其远求之于澳洲，不如近求之于中国，价格既廉，输运亦便，故我国羊毛而果能力加改良，销路之广，不难预卜。

考我国羊毛之输出额，以天津为最多，殆占全国十分之九，此后即因地理的关系，及产地交易之关系而不克再增，亦必不至于减少。次于天津者为青岛。青岛自日、德战争后，羊毛贸易日益发达，由青岛港输出日本之数量亦蒸蒸日上，大有一日千里之势。设将来济南至直隶、顺德之铁路，暨德州至直隶、石家庄之铁路，与正大铁路联络，则直隶、山西之羊毛必悉集于青岛市场，青岛之输出数量必可大形增加，未必弱于天津。故今日之青岛问题，不特为政治之重大问题，抑亦甚有关于商业也。次于青岛者，厥惟汉口，然其输出数量不多，此后虽有发展之望，而欲与天津颉颃，究非旦夕可期之事也。上海一埠，天津及汉口之羊毛虽有时汇集于该处，然其数量甚少，无关紧要。以下专就天津市场集散之羊毛之种类、产地及贸易状况而略述之。

　　天津市场集散之羊毛，其最普通者有四种，套毛、玉毛、抓毛、秋毛是也。试分述如左。

　　套毛：羊毛至隆冬严寒之候，其躯体全部必生长毛，颇密，此毛被覆全体，形如外套，故名套毛。套毛至春季温暖之时，必互相粘连，渐渐脱落之毛多干枯无生气，且混粪土，污秽不堪，故宜乘未脱落时剪之。普通剪毛之节，自阴历清明节起，至谷雨节止。此等羊毛因羊赖以御寒，故纤维长而强，最适于为绒及毛布之原料。输送之时，因便于搬运起见，多以长绳捆之，故欧洲称套毛曰洛普乌尔。其种类凡五：西宁套毛、西路套毛、锦州套毛、库伦套毛、寒羊毛是也。

　　（1）西宁套毛。产于青海西宁一带，为我国羊毛中纤维最强韧而长者，且有光泽，粗细适中。套毛中以此为最上品，价亦最贵。此种羊毛在欧美两洲销路甚广，恒与外国产羊毛相交，供织布之用。日本方面，初因未加研究，销路不广，自日本毛织物会社将套毛与澳洲羊毛混合以之织布，成绩甚佳，于是各会社群相仿效，销路亦渐扩大矣。

　　（2）西路套毛。所谓西路者，指归化城西一带言，品质概优，故习惯上西路套毛四字，不啻上等套毛之别名。惟西路套毛尚为总名，详别之种类甚多，其区别恒以产地之名冠之。此种套毛在我国羊毛中产额最多，供制绒及织毛布之用。

　　（3）锦州套毛。盛京锦州一带所产之套毛，又赤峰、多论诺尔等直隶北部一带所产，而汇集于锦州市场者亦以此名。质较西路套毛稍劣，其纤维甚弱，混杂死毛、脂肪及土砂甚多，运至天津市场，大率混有一成至三成之土砂，此其缺点也。销路以天津为最多，大约占全数十分之七。

　　（4）库伦套毛。产于蒙古库伦一带，纤维虽甚强韧，然大而粗，杂死毛甚多，一见即可与其他套毛区别。供毛布及制毡原料，销路甚广，运至天津市场者为多。

（5）寒羊毛。采自直隶大营辰集一带。又河南北部所饲特种之羊，普通不称套毛，各有独立之名称，然由羊毛之性质、形状与采取时期考之，确为套毛之一种。其色纯白，纤维细长，且柔软而有光泽，此其特点也，供制罗纱之用。我国羊毛质量，以此种为第一。惟产额甚少，价值颇昂。

玉毛：以其洁白如玉故名，又名毛面儿。清明节前后，以铁制熊手，由羊体搔取之，再加工制成球状者。此种羊毛亦为经冬之细毛，品质甚佳，惟纤维之长，则远不如套毛。由头部取得者为第一等，纤维最细且柔软，适于制罗纱及上等毛布之用。由尾部取得者为第二等，曰二路，纤维粗而脆，死毛甚多，概供织下等毛布或绒毡之用。其混土砂多者不合用，购时宜注意选别之。玉毛之种类，细别之有四：

（1）丰字玉毛，产山西丰镇一带及内蒙古之一部。

（2）西口玉毛，产归化城一带。

（3）包字玉毛，产内蒙古包头一带。

（4）东口玉毛，产内蒙古及直隶省之北部，集散于张家口。

抓毛：亦称散抓毛。清明节前后，以铁制熊手由羊体搔取，与其自脱之毛混合而成，并不再加人工，适于制毛布，销以日本为多。市场上有五种区别：

（1）交城散抓毛，产山西交城一带。

（2）舞阳散抓毛，产山西舞阳一带。

（3）蔚州散抓毛，产直隶蔚州一带。

（4）周村散抓毛，产山东周村一带。

（5）顺德散抓毛，产直隶顺德一带，及山西产而运至顺德待销者皆是。

秋毛：初秋白露节时剪毛者，纤维粗短，缺乏弹力，且混入死毛颇多，质量甚劣，故贩卖者不甚欢迎，土人多以之为鞠及帽子之原料。一名剪毛，较诸套毛、玉毛、散抓毛等春毛，产额远逊，以贩运者不欢迎，故价值较他种羊毛为廉。欧战以后，套毛之市价奇贵，贩运者多有以此种秋毛混入套毛中以渔利者。

此外更有一种羊绒，系于春季以铁钩由山羊脊搔取之一种秋毛，较绵羊毛纤维细长而柔软，最适于织绒，其价甚贵。普通多混灰色或黑色之粗毛，故制绒时必先除去。此羊绒虽各处皆产之，然比之绵羊毛产额则远不及焉。

（录自第五期）

陆国骅

纪事

省城各中学校第一次联合会操纪事

浙江省城各种学校联合会操发起于省教育会，以结合精神、振兴体育为宗旨。联合学校以十数，若第一、宗文、安定三中学校，农、工、商三甲种实业学校，师范、体育、蚕桑及医学校之卫生队是也。每年举行四次，民国四年十月十七日为举行第一次会操之期。

是晨，本校同学皆整服早膳，于八句钟出发。导行者为周先生季纶、张先生云樵、胡先生德铭。至会操地，见校旗招展，目迷五色，有顷，军乐声轰轰入耳，继以指挥者之口令声。时各校业已到齐，人数不下六七千，参观者亦摩肩接踵，几无容足地。

由主任经子渊先生宣告开会辞后，乃开始操演。先为第一、安定、宗文三中学校之三、四年级操演练中队，师范、工业学校及本校之三、四年级次之，农业、体育学校又次之。惟蚕桑学校不与焉。至卫生队，原以防不测，故亦不与焉。当是时也，莫不精神奋发，态度雄壮，步伐整齐，姿态周密，以期执各校之牛耳。后又联合各学校之一、二年级，会操徒手。此时蚕桑学校亦与操矣。动作一律，操法精灵，遂摄影以为纪念。操毕，已十二时许，由各指挥者率队而还。

时各校学生，犹勇气百倍，面无倦色，洵不背会操之宗旨矣。虽然，吾辈青年，往往于临事奋发精神，迨事过境迁，辄复因循苟且，视体育若无足轻重者，经教师责问，乃勉强就操，敷衍一时。此实不足与言振精神，讲体育也。

　　夫会操目的非仅比较形式，获胜一时为己足，当无时不保存振奋精神，讲体育之思想，无地不实践振精神，讲体育之行动。考吾国古时，习礼乐者亦兼射御，盖文武并重也。逮及中世，则文武为二途。武臣执干戈，扬旗鼓，犯霜露，冒白刃而不知读书，故才不敛，心不贞，谋不专，义理不明，义气不摄，大则犯上，小则褊隘，国家焉用此武夫为？文臣轻裘缓带，说礼敦诗，彬彬然也。一旦风云变色，刁斗惊人，惜生命，保妻子，鼠窜恐后，国家又焉用此懦夫为？自学校既兴，文武并重，青年学子始汲汲讲求之，差与古道相符合。然一般人民，仍不明此理，故吾辈学子，非仅振作一人之精神、之体育为己足，尤当为一般人民之先导，负提倡举国人民皆知振精神，讲体育之责任。否则，集数千学子，竞一日之短长，则会操之目的过狭矣。特执笔记之，以自勉并为诸君勉。（录自第一期）

徐志成

乙卯春季远足会纪事

月之二十日，为我校远足云栖寺日也。甫曙即起，未七时，即整队出，精神活泼，步武整齐。抵城站少憩，时晨烟方起，行人寂寥，旭日初升，铺门未启。未几，站钟报八点二十分，于是乃鱼贯上车，汽笛一声，车行矣。

转瞬而闸口至矣，舍车步行，径往六和塔。农人荷锄畎亩，牧子歌答田间。菜花垂金，麦浪翻风。翩翩情蝶，试舞乎西东；嘤嘤小鸟，赓歌乎林谷。蛙鼓助兴，杏雨醉人，诚足陶情悦性也。不百武，巍然高塔，屹立目前者，六和塔也。塔建于宋时智觉禅师，俗传盖镇涛也。塔旁梵宇数楹，乃开化寺也，于是休息寺中。同学有登塔者，余亦与焉。塔凡十三层，为八角状，中有梯，盘旋而上。造其巅，高插云霄，隔离天日，直有白云在足下，红日迫目前之概。南临平野，弥漫千顷，豆麦青青，屋宇鳞鳞；钱江如带，横映目前，布帆一叶，上下惊涛。北负山，山间樵采，高歌自乐。余乐甚，长啸答之。

然兴方浓，而惊笛呜呜，催余入队。乃下，整列向西，沿江滨行。沙途迂曲，左水右山，辽阔江面，河鸥逐波，邃丛竹木，栖鹘争鸣。时诸友皆乱伍行，或采山花以崇佩，或飘瓦片而戏乐。余不戏不语，心惟恋恋六和，过平江台，至梵渡亭少坐。乃舍江岸，北折向五云山间行。老树参天，修篁蔽日，筛光斑然，绿荫沾衣，潆潆涧水，断续相寻，枝头好鸟，啁啾群吟，似喜我辈之来兹也。

五里许，至三聚亭，忽闻钟声隐约，出自竹丛。友曰："此必云栖寺也，目的地至矣。"乃振神奋步，未数武，岿然梵宇，耸立林中。拾级登阶进，少憩，寺僧饷以香茗，味极甘。午膳后各自游散，或登山，或临水，或阅金经，或寻古迹，或息林中，约至二杵钟许，乃齐集莲池大师庙前，摄影留纪念也。

摄影后，与周君籀、余君景铿登寺之东山。逶迤羊肠，盘空鸟道，心恐足慄。至半山，则见钱江修然若帔，远山童然如髻；五云盘结乎左右，彩气绕覆于山巅；微风爽爽入怀，竹雨潇潇作响，云气荡胸，风光撩眼。是时也，兴高采烈，觉是日之乐趣，唯我三人独占。久之，夕阳衔山，晚钟催归，倦鸟投林，樵僧归寺，因整列循故道回。虽足痛力倦，而精神则觉甚健旺也。

至校后数日，追维前事，因笔之以存鸿爪。时民国四年阴历二月十五日也。（录自第一期）

冯　敬

丙辰春旅行纪事

越郡在武林东南百余里，山川钟毓，水石清奇，街市鳞栉，民情敦朴。境内多名胜处，古来骚人墨客，芒鞋筇杖，担装乘驴，消受此中情趣，常数数觏焉。丙辰暮春，余校旅行，地点东越，乃偕同学诸子，结队同游，藉觇彼邑山川风景，聊为学识之一助。既游而归，乃举途次闻见志之，以备遗忘。

九日上午十时，全体整队出发，分红、黄、绿、白四组，组各有长。道出仓桥，沿大街，校旗飞扬，步伐齐一，精神活泼，气象整严。道旁观者，咸啧啧羡曰：“此某校旅行团也，此某校旅行绍兴出发也。”未几，出凤山门，横渡钱江，复步行至西兴下船，片刻起碇。傍晚，泊舟萧山转坝头，乃上陆参观通惠公纱厂。屋宇闳敞，规模伟大，自原料以至棉丝，无不藉机械之力为之，质量既佳，费时又少，诚吾浙实业前途之幸也，惜不多见耳。返舟进膳，寻节解维，一卧梦醒，询诸舟子，云距绍城仅二十里左右矣。

十日拂晓起身，舟泊娄宫附近。早点后，舍舟登陆，整队寻故道而上。行未数里，遥望峰峦环绕，曲水横流，老松参天，稚花遍地，和风拂拂，小鸟噪晴，真一幅天然美景也。步行六里许，陡见茂林葱郁，秀竹万千，点缀山麓间；又有亭榭三四，耸立上下，迫近而望之，则兰亭是已。碑址俱在，人事已非，破屋败垣，荒凉满目，俯仰上下，徘徊左右，不觉慨感系之矣。既而，摄影毕，即寻旧道回船，时已十句半钟矣。

　　午餐后，复驶至禹陵，二句钟登陆。既而前进，见乎会稽山麓，万绿丛中，有一古庙在焉，建筑壮丽，结构精严。入其门，则千仞古柏，矗立左右，百级梯阶，贯连上下，神禹遗像，古貌庄严。旁竖碑一，字体雄劲，洵后学之所难能，诚至宝焉。庙左山麓，又有遗阡，年久下沉，只具一亭一碑而已。低回久之，令人油然发敬仰之心，不能去云。夫天下君王至于贤人众矣，当时则荣，没则已焉，大禹起躬稼，治洪水，拯万民，至今饮水思源，莫不知其名，感其恩也。吁，可谓至圣也矣！迨三句钟摄影后，遂相率下舟，至绍城西郭门外泊焉。讵知彼苍无情，败人兴味，大雨滂沱，歌行不得，吾辈参观学校之举，竟消灭于无何有之乡矣。

　　十一日晨起，舟已驶至距绍城六十里外矣，云开雨敛，天日顿见。未几，泊舟萧山附近之某村，遂早餐焉。午抵西兴，则不情之雨，又扰行程，闷伏舱中，殊觉懊丧，乃住舟中宿焉。

　　十二日清晨，起身整装，早点毕，即排队渡江。天犹未霁，道尚泥泞，全体着草履，奋精神，循旧径回校。即省城宣告独立后二日也。城市依然，居民安堵，俨然一升平景象也。相间仅四日耳，而变迁如此，天下事诚难测哉。

　　是行也，计程仅四日，观纱厂，游兰亭，谒禹陵，广吾阅历，增吾知识，舱中餐卧，乐也融融，吾侪幸福，洵不浅也。爰濡笔以纪之。（录自第一期）

蔡惟康

年假返里记

腊月十八日，天气晴朗，北风凛冽，校中年假期已近，余同里六七人，别诸同学，束装归暨阳。过保佑、清河坊，吴山迎面而来，依依不去，意若送余等首途者。不数里，出凤山门，至钱江商轮码头。斯时也，神已疲倦，幸三句钟之轮船尚未开出，遂购二等票上船。至义桥，雨雹齐下，遂酿成一日夜之大雪。乃至临，地上流水成冰，滑不堪行，暨阳之船只泊焉。舟小于叶，搭客麇集，几不能容膝，而余等返暨，舍此末由，局促之苦，亦数数饱尝矣。

既入舱，浊臭之气，触鼻欲呕，喧豗杂沓，无异蜗角之争，尤令人难堪。同舟者相责相诟，哗然不靖。余既虱居其间，颇不自适，时时启窗，吸新鲜空气。见岸上市肆，逐影而过，乃知舟已启行矣。夜餐后，疲倦欲卧，覆衾依枕，而两足蜷曲，苦不得伸。至全船寂静，余始遽遽睡去。次日晨，朦胧间，闻有人叹曰："岁暮风雪，累杀索债人。"余急揉倦眼，拥衾起，觉冷气沉沉，逼人欲栗。推窗望之，天幕低垂，四围沉寂，雪花飞舞，一似玉龙战败，残甲败鳞，纷焉下坠。见高山一座，峭焉竖西岸，山顶积雪，森然可畏，过其下，心惴惴然，北风声虎虎，迎面吹来，厉如刀割，而舟行益迟。余乃顾同伴曰："风雪如此，其何以归？"相视默然。

至十一时，始抵汪汪，盖视向者迟半日矣。江水浅，而冰块磊磊浮其上，舟更不能前。乃登陆，冒雪行，晶莹朗澈，银海为迷，浑然不辨道之所在，遭倾颠而欲仆者数矣。至周家埠，有义渡焉，遂下渡。未几，而舟已抵岸，余等乃携行李登岸，而舟子分外需索，尤咆哮不可耐，自顾怯弱书生，无如之何，满其所欲而去。噫！是非所谓救生船耶，何暴横乃尔？办事者曾亦知之否耶？

既登岸，已正午，而饥肠辘辘，尤不能忍，遂入肆午餐。既毕，急前行，程未半，雪益甚。四顾村野间，风紧云低，树枝被雪，皆欹垂欲堕。未几，暨城在望，吾不知老人倚闾之情，其切于吾人之归思者，更复何如。及抵城，已万家灯火，同学先后别去，余亦欣然归。

呜呼！交通之不便，莫我黄浦江若矣，而我等往返，非溽暑即祁寒，往往雷雨风雪，非二三日不得达，既饱受暑寒之侵袭，复遭与夫舟子之婪索，天之厄我，何其甚也。行装既卸，邻里亲戚，咸来问归途之所历，余不觉有所感，乃援笔而为之记。（录自第一期）

郭念栋

丁巳春旅行纪事

苏州在武林北数百里，清为江苏府治，即今之吴县，多名胜之迹，临太湖，由运河通南北各埠，舟楫便利。民国六年四月，吾校旅行，即以此为目的地，藉领略名胜，以消胸中块垒，洵属快事。既游而归，乃胪举途次闻见志之，以备不忘。

十二日上午十一时，铃声锵锵，全体同学齐集操场，分为红、黄、蓝、绿四组，组各有长，以便指挥。当时整队出发，道出仓桥，北折沿大街，校旗飞扬，铜鼓咚咚，军乐喧阗，步伐整齐，精神活泼，道旁观者咸啧啧称羡曰："此商校旅行团也。"未几，过武林门，出城由湖墅至拱宸桥，已下午二时，暂在车站休息。至四时，乃乘小轮船赴苏。傍晚，至塘栖镇，两岸市廛林立，帆樯如织，商业颇称兴盛。余觉稍倦而睡。忽闻人声震动，惊醒梦魂。急起问舟子，始如此地为新市镇，适祝融税驾，万响庞杂，且隐隐有啼哭声。余举目遥眺，火光中见一大桥，桥边古庙一，为水上警察分驻所。

十三日晨，舟至太湖。湖分东、西二道，水清洁可饮。午刻过宝带桥。桥有洞五十三，以其状类宝带，故名。下午一时抵阊门，即舍舟登陆，整队赴大马路，至留园。沿途一带，军乐与步伐之声，相应一致，精神倍振，两街观者皆称赞不已，曰："此浙江省立甲种商业学校旅行团也。"

既入留园，见鹦鹉一只、八哥一只，皆能作人言。留园原为刘氏所建，在阊门外，庚申变起，环数十里，高台广厦，尽为煨烬，惟刘氏一园，岿然独存，天容留此名胜之地，为中兴润色。顾十数年来，水石依然，而亭榭倾圮，后有盛君旭人，僦居吴门，慨园之将废也，出资购得之，修葺加筑，焕然一新，遂为吴下名园之冠。工既竣，即以留园名之。再造其内，屋宇闳敞，规模壮大，分东、西、中三园。东园有《留园记》一篇，并悬书画，旁有一白鹤在铁丝笼中。至中园，有高厅一座，后有水池，池中朱鲤游泳；池边堆石为山，山中建三亭。中亭名半野草堂，一联云"园林甲天下看吴下游人，载酒携琴日涉总成彭泽趣""潇洒满江南自济南到此，疏泉叠石风光合读涪翁诗"。余游览三亭时，闻鸟鸣在树，鱼跃于池，鱼鸟之乐，而不知游人之乐其乐也。至西园，景与东园稍同，亦蓄一鹤，并有各种名花，正值含蕊之时，微风徐来，或偃或仰，或东或西，若招致游客者，余历历观之，悦目赏心，虽不能诗，而诗性勃发。

石壁间钟鸣五下，闻警笛声，遂入队，寻旧道回，各自由散步。余邀数友赴阊门沿岸一带游玩，友告余曰："此地租借日人，与杭州拱埠同时开为商埠，于是马路筑，戏园开，茶楼酒肆，满街盛设，风俗之浇漓，可以耸人听闻，惟时势所趋，无可奈何耳。"游毕归船，夜间即住船中，不复出散步矣。

十四日清晨，睡醒，闻小鸟噪晴，一跃而起。开舱户仰观，则见气清天朗，红日如铜钲。早点毕，列队赴城中。行十余里，至第一师范学校，校长引入各处讲室、自修堂及植物园中参观毕。次至第二工业学校，参观织布与机械两工厂。又次至医药专门学校，各种标本，陈列完全，视察一周，颇增知识。旋归队出，往游沧浪亭。松柏竹树，阴森蒙密，时风日和畅，花香袭衣，亭后有石屋洞。方纵览间，警笛催余入队，即出亭，觅故道返。时已十一句钟矣。

午餐毕，管理员曰：上午已行数十里，下午可以任便游览，毋须列队云云。余乃约二三学友，乘车赴西园戒幢寺，观佛像庄严，宝殿清净。出山门左折，游广仁放生园池，屋宇高大，草木葱茏，有西城莲池，池中有亭，乃缘池观鱼，戏以饼饵投之，大小群鱼，往来呷喋。在池畔小憩，旋循旧径还舟。

十五日，原拟往游虎丘，不料同学中有昨日已先游虎丘者，有于今早乘驴往虎丘者，管理员遂令各自游散。余偕四五学友，相与骑驴至虎丘。沿白堤数十里，谈笑之间，已抵其处，乃舍驴步行，寻古道而上，路转峰回，引人入胜。首有折梁亭，亭立二碑，一为铜制、一为石制。不数武，有拥翠山庄，右有大路，拾级而登，历观试剑石、憨憨泉、鸳鸯冢、真娘墓、千人石、二仙亭、双眼桥、梳妆台、生公讲台、阖闾剑池诸胜。铁华岩下之泉为天下四大泉之一，清高宗游虎丘，建五十三级以纪寿。呜呼！霸气已灰，谈宗亦尽，古来骚人墨客，咸集于此，或凭眺于山之巅，或踯躅于水之涯，或摩挲于塔之下，啸吟歌咏，代不乏人。余恨不能与古为徒，而向此中索佳境，送日月也。游兴未阑，诸友催归，遂不得不抛虎丘以去矣。

午后，整队赴留园摄影，以留纪念。既毕回船，四时开船回杭。过吴门桥时，余立船头望之，商务公司、苏纶纱厂屋宇洋式，规模广大，为苏州制纱厂之冠。时天色渐晚，舟子进晚餐焉。

十六日晨起，和风拂拂，船抵吴兴县属之乌镇，遥望两岸田野，满植桑树，视之如列队伍。下午五时许，轮舟抵拱埠，循故路归校。是行也，计程五日，回忆留园、沧浪、虎丘诸胜迹，历历在心目间。噫！胜地重来，还俟异日矣。（录自第二期）

张 杰

双十节复活日本校纪事

门首悬旗，室内张灯，士民休业，游人成群，庆祝欢忭之声，喧然充塞于吾人之耳鼓，斑驳陆离之色，纷然杂呈于吾人之眼帘；行者歌于途，居者宴于室，诸凡点缀升平，为一般社会所乐道者，形形色色，无不具备。呜呼！此盖民国重生后之第一大纪念日也，不然，民国成立五载，于兹所谓双十节、国庆纪念日亦数度矣，何今年今日独盛乎？盖袁政府时代，名为共和，实则专制，今全国人民出水火而登衽席，故对于此次之国庆纪念，莫不兴高采烈，诚意庆祝，而教育界尤有鼓舞欢欣气象，届时给假三日，以伸庆祝，于是本校有赴新市场及提灯会之举。

新市场者，庆祝会场礼坛之所在也。会场设备齐全，大之物产技术，小之鱼龙百戏，莫不兼收并蓄，纷然杂陈，足以动观者爱国之念。是日，天气晴朗，本校门外，高悬五色国旗，室中垂挂纪念彩灯，同学齐集操场，鱼贯而出，校旗招展，步伐整饬，至新市场，文武各长官暨各团体，均已莅会。未几，举行庆祝典礼，向国旗三鞠躬，并三呼民国万岁，一时声震天地，来观者如堵墙。礼毕，至湖滨散队，任意游观。此本校庆贺双十节复活日典礼之盛况也。

傍晚，天高气爽，明星皓月，与灯光辉映，本城各学校先期齐集城站，故本校诸同学咸手执纪念灯，整队游行，先赴城站。至则灯火万家，光明夺目，有高唱校歌者，有欢呼民国万岁者。未几，由城站清泰门直街章家桥、荐桥进兴武路，直达新市场。绕场三匝，灯火相接，光照数里，直至钟鸣十下，始各兴尽而返。此本校庆贺双十节复活日举行提灯会之盛况也。

懿欤休哉！夫今日为双十节复活日，即共和复活后之第一国庆纪念日，人民之欢欣鼓舞，亦固其所，然亦思武汉、滇南诸豪杰兴复之艰难乎？当思所以保持之，巩固之，使无再死之日，庶可对诸豪杰而无愧，否则亦多此一举耳，何庆祝为？抑吾尤有进者，今晚灯火通明，光照数里，从前黯然无色之国光，吾愿其大放光明，常与此灯光相辉映，庶几民国之荣。是吾记双十节复活日庆祝典礼之微意也。（录自第二期）

赵颂泰

丁巳植树节本校纪事

清明插柳，寒食停炊，仕女游春，工商休业。噫！是何日耶？非所谓植树节耶？向例不过踏青扫墓而已，今则功令已定为植树节，全国一律通行，较之《岁时风土记》所载种种景物，尤有趣味也。本校即遵新章，休课一日。

上午九时许，校长、职员暨各级级长，于本校自修室前，植柏若干株，排列成行，诚美观也，然吾因之有感矣。夫春华秋实，草木皆然。春日不华，秋无所实，惟人亦犹是耳。人当青年时代，犹一年之春也。春之所以可贵者，以其为草木萌发之时也；青年之所以可贵者，以年富力强，正宜勤学也。若青年不学，老无能为。语云："少壮不努力，老大徒伤悲。"此言诚不我欺。今之所以改清明节为植树节者，盖欲人青年求学，如春日之植树然。以学问借鉴于林业，树大可荫庇行人，学成可立身济世。且不特此也，吾校之所植者为柏，柏为常青之树，性至坚洁，经霜不凋，犹士之临难坚贞，大可资人观感。吾人于课余之暇，散步其间，望而观之，必有所兴起。本校之所以取此而植之者，岂无深意哉？（录自第二期）

赵颂泰

本校六周年纪念日纪事

民国六年三月十五日为本校六周年纪念日。是日也，天朗气清，风和日丽，校长发起珠算、书翰两竞胜会。钟鸣九下，各级同学齐集教室，由教员命题监视，珠算以二十分钟为限，书翰以半句钟为限；前者以答数准而先报者为优胜，后者以格式当而措词雅者为优胜。是时，各教室寂静无声，各专其心志，聚精会神，争先恐后，冀夺锦标。时限未至，而卷已缴齐，诚不愧竞胜之本旨。二者既毕，乃作余兴以助欢乐。首为史久衡先生笑谈，语语奇妙，令人解颐。次则吴忠果先生弹琵琶、范允之先生吹洞箫，抑扬顿挫，调节合拍，洵足怡人胸襟也。

午膳后，为各级比赛足球。一经开始，宛如赴敌之军，勇气百倍。结果为本科二年级占优胜。已而，全体摄影，以作纪念。毕，复由陈云扉先生演种种魔术，其手足之敏捷与演术之奇妙，令人拍掌叫绝。演罢已掌灯矣。

余谓同学朱君曰："快矣哉！今日之盛会也。美矣哉！今日之成绩也。"回忆本校开创之时，学生仅数十，相去只六年，人数已骤增，是非教育热心、校誉隆嘉，曷克臻此？自今而后，吾校之发达，正未有艾也。虽然，今日之六周年纪念，不过为本校成立以来之纪念常会耳，而有竞胜会创于其间，大足以促学者之进步，故是会也，虽谓之创立珠算、书翰竞胜会，亦无不可也。窃有所感，遂濡笔记之，以示不忘。（录自第二期）

诸承惠

本校七周年纪念纪事

民国七年三月十五日为本校七周年纪念之期。是日也，宿雨初霁，风和日暖，百花齐放，燕鸟相语，大好行乐天，吾人何修而得之？

钟鸣九下，振铃开会，师生百余人，同集于礼堂。首由校长周季纶先生报告开会理由，继奏金鼓一曲，以助清兴。校长复发起各种科学竞胜会，以觇学生之程度。盖纪念会者，所以彰今日之成绩而促后日之进步也，非徒记本校之开始，不忘创立首功之谓。十时许，举行珠算竞胜会，由教员命题，学生伏案演习，专心一致，恐落人后，是实足以养成学生之竞争心。未几，举行算术竞胜会。二者均以答数正确、敏捷迅速者为优。他若英语背诵也，口音清晰，抑扬合节；改文竞胜也，字体清秀，文气豪迈。均能各尽其妙，增长学识者也。

午后，复有运动会之举，一以觇学生平日运动之成绩，且以表示本校尚武之精神。下午一时许，金鼓齐奏，学生具有精神，纷纷至操场，其欢欣鼓舞之象，不待运动开始，已随春风和气，鼓荡于场内外。首排教练，学生衣校服，扎帮腿，荷枪列队，严若军伍。次武装竞走，继四百四十码赛跑。号声一响，骈而去者尽如飞；鼓掌齐鸣，趋而捷者已先至，夺得锦标，人皆贺之。他若掷锤则唯力是视，柔术则操练纯熟。又有网引，合师生数十人，共同运动，实足以引起师生之感情。及日将西哺，运动方行告毕。

晚膳后，复集于礼堂，演魔术，讲笑谈，同学尽朋友之欢，师弟竭家人之乐。吴毅丞先生复弹琵琶一曲，范、史二先生以笙箫和之，不啻一部清商乐也。又有幻术，变化迅速，足使观者神移目眩。子夏曰："虽小道，必有可观。"旨哉言乎！及鸣钟十下，始行散会。

　　是举也，所废不过十余小时，而快乐之盛会，优美之成绩，已彰彰在人耳目。后日者八周、九周、十周，以至无穷纪念，岁有举行，其成绩之优良，视今日更形进步，则于纪念二字之义，方为不谬。否则，亦徒此一举耳，何纪念为？望同学诸君有以勉之。是为记。（录自第三期）

赵颂泰

本校七周年纪念会纪事

民国七年三月十五日为本校七周年纪念日。是日也，积雨初晴，风和日暖，令人益增兴趣。天殆现此佳丽之景象，以为吾校纪念会助耶。

八时开会，诸先生鸣锣击鼓，各尽其欢。继则各级同学竞胜笔算、珠算、改文三种，由教员命题监察，限时二十分，以不误而交卷早者为优。每级取三名，均各专心一志，以博优胜，时未过半，而卷已交齐，洵不愧竞争之义。近午为英文背诵，乃三年级生为之，皆神色自如，语气清朗，令人闻而起敬。下午运动竞胜，有各种赛跑及武装竞走，观者云集，无有喧哗扰乱者，加入之人，一若勇士之临敌，莫不奋发精神，争先恐后，大有欲夺锦标之概。其结果，以三年级生多数占胜，以其操练久而体力大也。既毕，乃掷铁球，最远者有二丈九尺许，亦非壮于臂力者不能。终以网引为结局。比散，则已夕阳在山，钟鸣五下矣。此日间各竞胜之大略也。

晚得胜者领奖品毕，群集礼堂，听范允之先生吹洞箫，吴毅丞先生弹琵琶，璧合珠联，如听霓裳雅奏。次为史先生之谐谈，语语奇异，令人解颐。其后沈又暨、陈宝法二君演魔术，极迷离变幻之态，惜手续欠周至耳，然亦余兴之事，藉助兴趣，非卖术者所可拟也。十时，乃各就寝。

嗟夫！吾校成立于前清宣统三年，于兹已七载矣。回忆此七年间，辛苦经营，几经挫折，一若武汉、滇南兴复之艰难，苟非教育优良、校誉隆盛，乌克有今日之盛举？此七周纪念会之所为纪念也。吾愿吾中华民国万岁！吾商业学校万岁！冀使吾校之光荣与吾国之光荣并进也。是为记。（录自第三期）

张景皓

游程日志

丁巳季冬，省教育会利用寒假暇晷，发起教育视察团赴日本、朝鲜各处视察，团员三十二人，区为三分团：一视察普通教育，二视察实业教育，三视察社会教育。毓炎从事商业，今供职本校，属第二分团。是行也，为期仅四十二日，然足迹所至，集思广益，美不胜收。兹将经历日程，记之如左。至视察所得之关于商业教育者，当另篇述之。

二月二日（土曜日），晴，本日全体团员在上海振华旅馆集合，团员姓名如左。

（1）第一分团：

经亨颐子渊，上虞。朱权听泉，杭县。朱慰堂怙生，萧山。朱毓魁文叔，嘉兴。

王锡镛庚三，杭县。堵福铣申甫，绍兴。范坚秉淋，鄞县。陈振鳌孟恢，嘉兴。

郑道寿夷争，乐清。沈养之雨亭，绍兴。孙福熙春台，绍兴。吴沈韶希韩，嘉善。

周承阂季恕，海宁。汪宗敏志顾，杭县。陈曰淀津门，绍兴。徐晋麒锄榛，永康。

袁绪英绪英，绍兴。胡兆焕蒙子，嘉善。张衡佐时，杭县。邵聪季达，杭县。

（2）第二分团：

阮性咸季侯，余姚。莫善诚存之，德清。陆鸿耀轶群，江苏常熟。冯其昌蕃五，绍兴。陈用梁亚渔，慈溪。戚友群元朋，余姚。张云瑞闰才，嵊州。苏毓炎仲炬，瑞安。

（3）第三分团：

黄广越川，余姚。汪以德培三，海宁。俞乾三景贤，萧山。王光铭又新，衢县。

三日（日），晴，在寓会议出发事宜，当议决分为两组（每组十六人），第一组五日乘近江丸启行，第二组七日乘营口丸启行，两组约定在东京会齐。子渊、越川、听泉、怙生、孟恢、夷争、雨亭、季恕、又新、培三、志顾、锄榛、景贤、津门、春台、仲炬属第一组，季侯、文叔、庚三、佐时、申甫、存之、元朋、闰才、轶群、秉琳、蕃五、亚渔、希韩、季达、绪英、蒙子属第二组。

四日（月），阴，午后五时，赴江苏省教育会茶叙，承黄任之、沈信卿、贾季英、阮介藩、穆藕初、蒋梦麟诸君殷勤招待，黄君并致欢迎辞，子渊代表同人答谢。散会后，第一组团员践商务印书馆约，赴东亚菜馆会宴，第二组团员留教育会晚餐。十一时，第一组团员上近江丸。

五日（火），阴，午前六时，近江丸解缆，由上海向长崎行。

六日（水），阴。

七日（木），晴，午前三时，船抵长崎。八时，上岸，餐于四海楼。午后一时半，复由长崎乘汽车向大村行，三时零五分到，参观长崎县立中学校、玖岛学馆、大村高等寻常小学校，并游大村神社，大村驿驿务助手古田八郎及大阪《每日新闻》通讯员纪内武夫为导。夜宿乾物屋旅馆。

八日（金），晴，午前一时，由大村乘汽车向门司行，七时半到，餐于天禄居。十一时，复由门司乘近江丸向神户行。

九日（土），晴，午前八时，船抵神户，驻神户中华领事馆书记盛嘉重君上船招待，寓田中屋旅馆。十一时，访稽领事镜。午后六时，复由神户乘汽车向东京行。

十日（日），雨，午前八时半，抵东京，驻东京中华公使馆秘书王鸿年君至驿招待，寓本乡区菊富士。

十一日（月），晴，午后八时，第二组团员抵东京，同寓菊富士。

十二日（火），晴，午前，全体团员至公使馆访章公使宗祥。午后，游上野公园，摄影，复观帝室博物馆。

十三日（水），晴，午前，参观帝国大学校。第一分团团员观理科、文科，第二分团团员观工科，第三分团团员观医科。午后，全体团员游植物园。四时，赴东京中国基督教青年会茶叙。该会美干事卫尔逊君致欢迎辞，子渊、季侯代表同人答谢。并摄影。

十四日（木），阴，本日分甲、乙两组参观。甲组观上野动物园、游就馆、教育博物馆，乙组观三越吴服店，并游日比谷公园。

十五日（金），阴，第一分团团员观东京高等师范学校及其附属中学，第二分团团员观东京高等工业学校及其附属徒弟学校、实业教育养成所、工业补习所，第三分团团员观私立加藤女子美术学校、东京府立聋哑学校。晚，高师同窗会假座大塚宝亭馆开欢迎会，该会会长蒋蕴君主席致欢迎辞，子渊代表同人答谢，并报告国内教育情形，景贤、庚三、怙生先后演说。

十六日（土），晴，第一分团团员观东京府立第三中学校、东京府立女子师范学校及其附属小学，第二分团团员观东京高等商业学校，第三分团团员观家庭学校、盲目学校。晚，东京中国基督教青年会邀子渊、季侯演说。子渊讲"我之青年观"，季侯讲"对于三育之感觉"，听者约二百人。

十七日（日），晴，午前，照十四日之编制，甲组观三越吴服店，并游日比谷公园；乙组观上野动物园、游就馆、教育博物馆。午后，全体团员赴日本青年会馆，观教育的活动写真会（帝国教育会发起，文部省函邀）。晚，留学东京诸同乡假座青风亭开欢迎会，留学生同乡会会长范寿康君主席致欢迎辞，子渊代表同人答谢，并讲"研究阳明学之必要"，佐时、庚三、夷争、怙生、景贤先后演说。

十八日（月），晴，第一分团团员观东京高师校附属之小学校、东京府青山师范学校及其附属小学，第二分团团员分组观东京府立工艺学校、外国语学校、私立工商学校、京华商业学校、东京商业学校、东洋商业学校，第三分团团员观帝国图书馆，并游浅草公园。

十九日（火），晴，第一分团团员观万年小学校、东洋高等女学校、第四中学校，第二分团团员观教育博物馆、东洋高等女学校，第三分团团员本日分附第一、第二分团参观。

二十日（水），晴，在寓会议赴韩事宜，当决定分两组出发，第二、第三分团为一组，第一分团为一组，均于明日（二十一日）启行。议毕，第一分团团员观女子高等师范学校及其附属幼稚园、高等女学校，第三分团团员坐摩托车赴深川参观平民学校，并视察社会状况，第二分团团员本日分附第一、第三分团参观。午后四时，章公使宗祥邀同人至使馆茶叙。

二十一日（木），晴，午前八时四十五分，第二、第三分团团员由东京乘汽车向名古屋行，午后九时到，爱知县政、商、学各机关均遣代表至驿欢迎。寓富泽町大松旅馆。

二十二日（金），阴，第二、第三分团团员合观名古屋市立工艺学校、铃木工场、甲种商业学校、高等工业学校、爱知县立工业学校，并游鹤舞公园，登闻天阁。爱知县视学宫田君、劝业协会书记岛津君、市役所教育课长横川君为导。

二十三日（土），晴，第二、第三分团团员合观浅野式木工场、丰田式织机厂、陶瓷器工场、安藤七宝店、伊藤吴服店、久屋寻常小学校。爱知县立第一高等女学校岛津、横川、宫田三君，及商业会议所书记坂野君为导。午后十一时，第一分团团员抵名古屋，寓清驹馆。

二十四日（日），晴，午前，第一分团团员由清驹馆移寓凤声馆，并观爱知县立女子师范学校。又全体团员观商品陈列馆。午后，第一分团团员观爱知县立女子高等小学校、名古屋市立师范学校、久屋寻常小学校、伊藤吴服店，第二、第三分团团员同观金城，并赴西筑地观万乘丸进水式。九时，名古屋政、商、学各机关，及中国留学诸君开宴会于商品陈列馆，并摄影。

二十五日（月），晴，午前九时，第二、第三分团团员由名古屋乘汽车向京都行，午后二时二十分到，寓四条辨庆楼旅馆。四时半，游圆山公园、知恩院。十一时，第一分团团员抵京都，寓山城家旅馆。

二十六日（火），晴，第一分团团员分组游动物园、博物馆、圆山公园、知恩院、冈崎公园、清水寺，并观岛津制作所器械部。第二、第三分团团员合观川岛织物所、西阵织物陈列馆、京都市染织试验场，并游清水寺、三十三间堂。

二十七日（水），雨，午前，第一分团团员观京都第一师范学校，第二、第三分团团员合观岛津制作所器械部、京都商品陈列馆，并游冈崎公园。午刻，京都市长大野君邀餐于公会堂。午后三时十分，全体团员由京都乘汽车向大阪行，四时十五分到，寓青山旅馆。

二十八日（木），雪，下午三时，第三分团团员赴大阪每日新闻社茶叙。九时五十分，第一分团团员由大阪乘汽车向广岛行。

三月一日（金），晴，第二分团团员观久保田铁工所，并游天王寺公园，第三分团团员观清水谷高等女学校、泛爱寻常小学校、西野田职工学校、船场小学校。午后九时四十五分，第三分团团员由大阪乘汽车向姬罗行。

二日（土），晴，第二分团团员观大阪市立工业学校、工业试验场、高等工业学校、私立大仓商业学校,并赴大和川观大阪织物株式会社工场。该场技师佐藤真君为导。

三日(日),晴,午前另五分,第二分团团员由大阪乘汽车向下关行,午后七时五十四分到,九时半复由下关乘关釜联络汽船樱花丸向釜山行。

四日(月),晴,午前九时,船抵釜山,上岸,复乘京釜路线汽车向京城行,与第一、第三团团员会于车次。午后九时到,驻京城中华总领事馆随习领事陈秉煜君至驿招待,分寓三处:第一分团团员寓御成旅馆,第二分团团员寓二见旅馆,第三分团团员寓汉阳旅馆。

五日(火),晴,午前,全体团员至总领事馆访富领事士英,富君病,由随习领事陈君接见。午后,游昌庆苑(苑内分动物园、博物馆、植物园),并参谒孔圣庙。总领事馆通译员韩人金启行君为导。

六日(水),晴,午前,第一分团团员观京城高等普通学校,第二、第三分团团员合观京城女子高等普通学校。午后,全体团员观中央实验场及其附属工业传习所,第二、第三分团团员并观京城商品陈列馆。九时四十分,全体团员由京城乘京义路线汽车向安东行。

七日(木),晴,午前十一时半,车抵安东,换乘安奉路线汽车向沈阳行,九时半到。奉天省教育会庶务员褚依徽君至驿招待。寓悦来旅馆。

八日(金),晴,第一分团团员分组参观女子师范学校、第一国民学校、第一中学校、第四中学校、第一女子小学校、两级师范学校、淑慎女学校,第二分团团员观甲种商业学校、工业专门学校、外国语学校,第三分团团员观高等小学校。午后四时,赴奉天省教育会宴会。九时,全体团员由沈阳乘关外路线汽车向山海关行。

九日(土),晴,午前十一时,车抵山海关,寓天泰栈,游览风景。午后十时,全体团员由山海关乘京榆路线汽车向天津行。

十日(日),晴,午前七时,车抵天津。第一、第二分团团员寓法租界长发客栈，第三分团团员即乘京津路线汽车向北京行。晚，海军军医学校校长经子青君邀餐于醉春园。

十一日（月），晴，全体团员合观海军军医学校。第一分团团员分组参观直隶模范小学校、天津中学校、第一师范学校、第一女子师范学校、北洋大学校，第二分团团员分组参观省立工业专门学校、公立甲种商业学校图书馆、武士会。午刻，浙江旅津公学校长穆穆哉君邀餐于青年会。午后五时，第三分团团员由京回津，同寓长发客栈。七时，赴浙江旅津公学茶叙。

十二日（火），晴，午前十一时半，全体团员由天津乘津浦路线汽车向南京行。

十三日（水），晴，午后四时，汽车抵浦口，即乘小汽船渡江，至下关上岸。分寓招商、天兴、龙江诸旅馆，及城内华洋旅馆。

十四日（木），晴，游览风景。午后十一时，由南京乘沪宁路线汽车向上海行。

十五日（金），晴，午前七时，车抵上海，寓振华旅馆，在寓讨论回省报告手续。午刻，全体团员在雅叙园宴会。午后二时五十分，由上海乘沪杭路线汽车回杭垣。八时，车抵城站，各团员握手而别。（录自第三期）

苏毓炎

日本之商业教育

日本之商业教育有高等商业、甲种商业、乙种商业及商业补习学校，而无大学商科，惟于大学法科中，兼设商业学一门（私立大学有设商科者），其制度一如我国之商业学校。此外为养成商业师资而设者，尚有商业教员养成所，是为我国近日所未有。

卒业年限，高等预科一年，本科三年；甲种预科二年，本科三年；乙种不设预科，亦为三年；教育养成所四年。

各校入学资格，类皆与文部省所规定者略有出入。大抵乙种商校以卒业于寻常小学及有相当之程度者入之。甲种商校分设预科、本科。卒业于乙种商校或高等小学者，及曾在甲种商校预科或中学校修业二年者，试验合格，得径入本科；卒业于寻常小学者，得入预科。高等商校以甲种商校或中学校之卒业生入之，惟均须由预科而本科，不得径入本科肄业。至商业补习学校，文部省尚无备详之规定，故程度颇有差等，有为甲种程度，有为乙种程度，有为甲、乙两种之折中程度。其学制又分科目制、学期制、学年制、折中制四种。科目制者，分科甚多，任凭生徒选习一科或二科以上，大抵半年或一年卒业；学年制者，各科均有规定，大抵预科一年，本科一年或二年卒业；学期制者，其修业以一学期为限；折中制者，系就科目制、学年制两种折中行之。此项学校之生徒，大都为已卒业于高等寻常小学校，或曾肄业于甲、乙种商校一二年者。兹将大阪大仓商业学校附设夜学专修科之分部法揭载如左，藉见一斑。

（1）分部法及各部之科目：

商业部：修身、商事要项、商业法规。

簿记部：修身、商业簿记、银行簿记、工业簿记。

国语部：修身、读书习字、商用作文。

算术部：修身、商业诸计算、珠算、暗算。

英文部：修身、英语、商用英语。

（2）各部修业期及授业时间：

第一期：四月至七月，每周十二时以内。

第二期：九月至十二月，每周十二时以内。

第三期：一月至三月，每周十五时以内。

商业教员养成所则以师范学校、中学校及甲种以上之商业学校卒业生入之。

日本商业学校，据大正七年之统计，全国共有高等商业五校、甲种商业六十八校、乙种商业三十一校、商业补习二百二十校，而直辖于文部省者，唯有高等程度者五校，即东京高等商业学校、神户高等商业学校、长崎高等商业学校、山口高等商业学校、小樽高等商业学校等。至甲、乙种商校及商业补习学校，以县立、市立者居多，私立者次之，惟东京市内除东京高等商业学校为直辖于文部省，及东京市立商业学校外，余如大仓商业学校、京华商业学校、庆应商业学校、早稻田实业学校、东京商工学校、中央商业学校、东洋商业学校、明治简易商业学校、北京实业学校、锦城商业学校、银行会社事务员养成所、日本女子商业学校、东京女子商业学校等，皆系私立者。

高等商校其宗旨在造成商业上之高等人才，故其学科内之外国语，于英语外，多有就中、法、德、俄、西班牙、意大利之六国语中任选一国语而兼修之，本科第三年又多加授商事行政法、国际法、东洋经济事情等，以为对外贸易之需（山口高等商校特设中国贸易科）。此项学校之卒业生，大都就职于国内大银行、大会社、大商店与夫商业重要机关，亦有在外国之本国人所设会社、银行等供职焉。兹将东京高等商业学校之科目及历年卒业生之就职种别（见表1），揭载如左：

科目：

预科：修身、商业通论、商业算术（珠算）、作文、书法、应用化学、机械及电气工学、经济大意、法学通论、近世史（英语）、英语、伦理及心理、体操。每周合计授课三十二小时。

本科：修身、银行及取引所、交通、保险、银行簿记、英文簿记、计理学、商业实践、作文、商品及商业地理、东洋经济事情、经济大意、经济原论、货币论、商事行政法、财政学、民法、商法、统计学、国际法、手续法、商业史、英语、第二外国语（中、法、德、俄、西班牙、意大利）、体操，每周合计授课三十小时。

表1　东京高等商业学校卒业生就职种别表

种别		人数	种别	人数
会社	贸易	六百四十二	公共团体	六
	铁道	五十	帝国大学 商业学校	一 一百一十八
	回漕	二百三十	其他专门学校	五
	保险	七十三	中学校	一
	其他	七百二十一	自己营业	一百八十七
银行		四百零七	兵役	二十五
取引所		二	其他	三
商品陈列所		二	本校专攻部在学	七十五
商业会议所		二	未详	五百四十

种别		人数	种别	人数
商店		一百九十九		
官厅	外务官吏	十四	死亡	二百八十六
	海军主计官	九十六	统计	三百七十三
	税关	七		
	铁道官吏	三十六		
	其他	十二		

甲种商校，其宗旨在教育关于商业上必须之技能学识，使其实能经营商务，故于英语、珠算、簿记、商业实践诸科，授课时间特较其他诸学科为多。此项学校之卒业生，如不再就学者，大都自己营业，或为商店、银行之伙友。兹将市立名古屋商业学校（甲种程度）之科目及历年卒业生之就职种别（见表2），揭载如左：

科目：

预科：修身、国语、算术、地理及历史、理科、图画、英语、体操。每周合计授课三十小时。

本科：修身、国语、数学、商业地理及历史、簿记、商品、经济及统计、商事要项及实践、法律、英语、体操。每周合计授课三十三小时。

表2 名古屋商业学校卒业生就职种类表

种别	人数	种别	人数
自己营业	八百五十	官厅学校	五十三
商店商馆	二百四十二	修学中	五十一
会社银行	五百零三	死亡	一百七十三
海陆军服务	三十	其他	五十
海外居留	一百四十七	统计	二千零九十九

乙种商校：其宗旨在教育简易之商业学识，卒业后如不再就学，多入商店为徒弟，其学科大抵如左列：

修身、国语、数学、簿记、商事要项及实践、地理及历史、理科、图画、英语、体操。每周合计授课三十小时。

商业补习学校：为曾在甲、乙种商业学校修业一、二年者，研究较高之商业学识，及为已卒业于高等寻常小学校者，教育简易之商业学识而设，故学科常依其校之现况而定。

商业教员养成所：以养成商业学校及商业补习学校之教员为宗旨，在学时免收学费，卒业后须任义务数年。其学科与高等商校略同，惟多教育学、心理学、伦理学、教授法四门。

各级商校之课程不尽一致，就甲种商校预科言，有于教授普通学科外兼及商业学大意，或簿记学大意者；有将商业学科全置之本科课程中者。至珠算一科，各校皆极注重。如东京市内之东京商业学校、东洋商业学校，暨大阪市内之大仓商业学校等，皆有竞算会之组织，每年开会数次，得优胜者厚予奖励，俾生徒因竞胜而进步愈速。其算盘之构造，与我国之算盘微异，其式狭而长，档数多而珠数少，即横木下为五珠，横木上仅一珠（见图1），用之似不若我国算盘之便，然日本学生用时却不见其有何等之困难，盖习惯使然也。余尝至市立名古屋商业学校参观其珠算教授，生徒各备算盘一具，教员选报十余数，令生徒急拨其珠而计算之；算毕，乃向生徒之算盘逐一检视，遇有错误，实时命其复算。至打字、速记两科，为西方各国商校所注重，而日本商校之于此科，实绝无仅有。间有数校设此一科者，其打字机之设备亦殊简单，未见有各类咸备，使生徒得逐一熟练者。

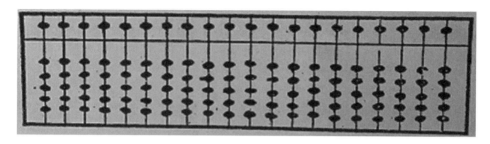

图1　算盘示意图

生徒人数，颇为发达，一校多者七八百人，少者亦二三百人。每年卒业生徒皆有职务可就，鲜有赋闲家居者，且其职务又多系本校为之介绍，故近来志愿习商业者益多其人。如市立名古屋商业学校，本年在学生有七百余人，据校长市邨芳树君与余言，谓将来可望增至千余人。虽其言在未可必之数，要足以觇日本商业教育之发达也。

生徒年龄，在高等、甲种、乙种均有规定。大抵高等商校入学年龄在十七岁以上，甲种、乙种商校在十二岁以上。至商业补习学校入学生之年龄，实无从规定。如东京商工学校商业科本年（大正七年）在学生之年龄，最小十四岁，最大三十一岁。商业教员养成所之入学年龄与高等商校同。

授课时间，私立甲、乙种商校及商业补习学校以在午后者为多。如私立东京商业学校（高等、甲种程度）在午后六时至十时，私立东京商工学校（甲种程度）则分为昼间、夜间两部教授，昼间部午后一时至五时半，夜间部午后六时至九时半。至商业补习学校，多系附设师范学校、中学校、小学校中，故授课时间大都在夜间者。此项学校之生徒，贫苦者居多，昼间执役于各商店，夜间得暇而求学，故其对于功课备极勤奋也。

日本商校中所设之商品陈列室，以余所及见者，当以东京高等商业学校所设者为最完备。广搜世界各国之商品，按类陈列，使生徒于商品质量之良窳、产地之异同、制造之顺序、价格之高低，得以识别之。其他，如买卖惯习之报告书，及荷造见本等，亦按类列之，以资研究。惟其中欧美、日本各货，大都熟货多而生货少，中华各货，则生货多而熟货少。是则吾人见之，实不能无动于衷者也。兹将其类别揭载如左：

第一部：动植物质商品。

第一类植物质食料品，第二类动物质食料品，第三类嗜好品，第四类油及蜡，第五类树脂及护谟，第六类药材，第七类革，第八类毛皮，第九类染料及颜料，第十类木材，第十一类植物纤维，第十二类动物纤维，第十三类织物，第十四类编物，第十五类纸，第十六类杂类。

第二部：矿物质商品。

第一类金属及合金，第二类宝石及装饰品，第三类磨砻用品，第四类雕刻及建筑用品，第五类窑业品，第六类染料及颜料，第七类重要酸盐类，第八类点火及燃烧用品，第九类杂类。

第三部：荷造。

各校中有将最近数年间日本对外国输出、输入商品价额之比较，或本校所在地之贸易情形汇列成表，榜于校中生徒必经之处，以资观感。此外，关于生徒之学识者，有经济时事讲演会、学艺会、雄辩会、演说会等之组织。关于生徒之体育者，有相扑会、端艇竞漕会、球会等之组织。至各校卒业生，对于其母校之感情，均极关切。如私立东京商业学校新筑校舍，其营造费用二万余金，大半出自卒业生之捐助。又私立东洋商业学校，其校舍去岁倒塌，现正建筑新校舍，需费至二万金以上，闻亦募之卒业生云。

综观日本商业教育之发达，实由其学校中所习学科适合于社会之需要，亦由于办理学校者之具有热心毅力也。（录自第三期）

苏毓炎

旅行无锡纪事

尝读中华地志，见其侈言无锡物产之富、土地之腴、贸易之盛、工厂之多，心焉歆之，思作汗漫游，以羁于学事，久未得暇，今年秋季，本校有旅行无锡之举，余乃始偿初愿，爰于十月十二日，附轮而往，寓锡一周。其间参观实业，流连山水，偶有所得，辄笔之册，既宁家月余，乃董理旧稿，汰冗存精，条分七类，颜曰旅行无锡纪游，敢曰辎轩之志，聊记鸿爪之踪云尔。

一、沿革

锡自汉置县，清属江苏常州府，今属江苏苏常道，商业夙称繁盛，近年日见发达。

二、游览

锡邑名胜可分为三：一曰惠山，又名慧山，在城西七里，昔有西域僧慧照居此山，故名。上有七十二级三苑峰之胜，登峰俯视，则人蚁寸马，太湖浩于烟海。下有昭宗祠，祠前有方、圆二池，曰慧泉，中相通，而圆池最佳，水清彻底，气味清香，掷钱于水，则如游龙屈曲，前清乾隆南巡，御书"品泉"二字。祠旁有听松亭、云起楼、胡园等胜。二曰雪山，顶上有浮图古刹，古雅可风。三曰公园，建在崇安寺内，亭阁台榭，花卉杂树，布置适宜，雅致可目。此三者为吾游览之大概，其琐屑无关者不详。

三、建设

锡邑城郭高大，店铺宏敞，马路四达，电杆棋布，危楼层层，车声辚辚，茶园酒肆、戏馆客栈，如鳞次，如栉比，游人杂沓，惟日不足，继之以夜。此建设之大概也。

四、物产

锡邑天然出产品以丝、茧、米、麦为最，制造品以纱布等为最，种类繁多，非详细调查，不能尽举。兹将其耳目所及，略述一二如下：

米：米为锡邑贸易大宗，运输于皖、江、浙三省，出产以粳米为最，籼米次之。近年以粳米停办，申、杭米市继起，生意已日形萧条。

麦：麦之销路首推小麦，均供面粉厂造粉之用，故其消长，一随面粉为转移。

豆：豆之销场以黄豆为最，绿豆次之。绿豆多供磨粉之用，销场较黄豆为逊。

布：布匹一项，分土布、厂布两种。土布之佳者，凤推东亭镇为最，各乡次之，素来拘守旧法，仅织白布，今则稍知改良，能织各色柳条格子等花色，惟仍失之粗率，只能销售乡间江北等处，而城内则颇尚奢侈，向以洋货为大宗。又查自厂布发明，风靡一时，如花席法冲、罗缎线呢等，价值低廉，坚韧耐用，实驾舶来品之上。

烧酒：酒之种类甚多，锡邑所出者，厥惟烧酒，分两种：一为米酒，二为糟酒。糟酒味香不燥，为全省最佳之货，声誉远播，故他处来购者，接踵不绝，因是销路之大，亦远胜于米酒，而价亦稍昂。

五、教育

锡邑教育尚称发达，第限于行政区域，故省立学校尚不多见，只江苏省立第三师范一所，屋宇高大，布置整饬。其余皆为县立学校，如乙种实业学校及高小国民等学校，比比皆是。

六、实业

锡邑居民繁庶，商旅丛集，贸易繁盛，货物辐辏。查该邑共有五业最为发达，缕述如下：

米业：执米业者二三百家，兼有堆栈四十余处，即每岁存积，亦有二百余石之多。惟近年以来，行家既鲜信用，只愿目前之利，行董又不力加整顿，于是日复一日，致成习惯，非实行行业改良，输以商识，恐难挽救。

面业：面厂共有五处，用麦极多。

油业：油厂林立，需用黄豆均恃皖、鲁二省之输入。

布业：布厂共有十余所之多，出品最佳者首推城内劝工厂为第一，赛会陈列素得盛名，城北瑞生厂次之。

烧酒业：烧酒坊颇多，惟近因征税重重，不仅为营业上多费手续，且于输运上尤多障碍。若税则不筹统一，酒虽为消耗品，而阻碍土产物畅销，亦甚可惜。

七、余论

锡邑当沪宁之冲，运河之要，地味肥沃，物产丰盛，昔日商业虽尚可观，然远不及今日之盛。其所以致此者，一以近来铁路、输船等交通机日渐发达，货物因是荟萃，一以大资本家、大企业家辇金而来，振兴实业，建造房屋，创设商铺，颇极轮奂之观。嗟乎！无锡一蕞尔小县，今一变而为繁华之区，此岂世运使然耶？亦在人自为之而已。设中国各县实业，处处能如无锡进步之速，何患中国实业之不振兴哉！（录自第四期）

田庆霓

己未春季远足会纪事

月之四日，为本校远足灵隐寺之日也。东方甫曙，同学先后起榻，六时早膳毕，即振队出校。旗影飘飘，鼓声咚咚，步伐整齐，精神活泼，道旁观者如堵，咸相顾称羡曰："此某校远足会也。"

未几，出钱塘门，沿湖滨行，第见桃红如锦，柳绿成烟，碧草平铺，川原无际，游人三五成群，或放棹于湖中，或步行于山麓，游人自知其乐，而不知余等之乐其乐也。一路湖山胜景，目不暇睹，仰视则嶙峋崒嵂，俯瞰则荡漾清澄，千姿万态，莫不呈奇献秀于眼帘。置身此间，令人心旷神怡，洵佳景也。

行行重行行，忘路之远近。忽见岿然梵宇，耸立于万绿丛中，友曰："此灵隐寺也，目的地至矣。"前行不数武，至灵隐山门，入其内，则老树苍翠，矗立两旁；怪石玲珑，偃仰左右。遂于此解队少憩，即摄影一盖，以留鸿爪，时尚十句钟也。摄影后，由教师率全体诣萧二房用膳。因器具不洁，蔬菜亦冷，有碍卫生，未堪果腹也。

午后，各自散游，有登北高峰者，有欲诣韬光者，莫不熙往熙来，相与寻乐。余以体力惫倦，不堪远涉，唯与叶、袁二君，流连于咫尺西天之地，信步游行，至冷泉亭，乃相与息足焉。亭旁为飞来峰，其下有泉，蜿蜒如龙，声潺潺然，激动有闪光，盖自山上流下，储而为泉，不啻一天然滤水器也。昔人有"泉自几时冷起，峰从何处飞来"一联，颇有禅理。

至飞来峰，但见岩石危立，左右环迥，上镌佛像甚多，类皆斑驳，石壁间有水点涓滴不已，下置石臼，贮水欲盈，内有钱无数，盖僧侣所设，以引游人之投给也。穿岩穴而之一线天，岩洞幽深，因洞中有一石隙，得见天空，故名。有僧指石隙中有观音佛像，耳、目、口、鼻皆可观，实则石壁凹凸之处，仿佛若有像。僧人善诬，于此可见一斑。

复前行，至灵隐寺，规模宽敞，建筑庄严，殿内柱大数围，高十余丈，闻系由吉林输入，值数十金，为清乾隆帝所助云。是时，乡人之手持香囊，口诵佛经，来此进香者甚众。殿隅设钟，有僧司之，谓击此钟三下，取铜元一枚，可以增福益寿，乡人之趋击者，环立如蚁，钟声哄哄然，与投铜元之声相继不绝。噫！僧侣诈财之术，可谓无微不至矣。然则欲以区区之费而增福益寿，世事孰有易如是者？彼乡愚亦何不思之甚耶？

遂左折诣罗汉堂，佛像五百尊，环坐一室，有笑颜者、有熟睡者、有低眉者、有怒目者、有严肃可敬者、有唐突可怖者，金碧辉煌，状态各异，游人至此，几疑身临西国，听诸佛说法也。

余等徘徊久之，兴尽欲返，同学亦皆身倦力疲，先后归校，乃步行至茅家埠，买棹而归。比入城中，已炊烟四起，灯火万家矣。（录自第四期）

张景晧

本校银行实践室纪要

庆霓为本校第六次毕业生，曾在银行实践室中实习一年，对于银行事务略有头绪，仅将平日经过情形，拉杂成篇，分章记述，非敢自云心得，聊以供同学讨论已耳。谬误之处，尚指正为幸。记者识。

一、本校银行实践之分课

银行业务繁杂，而关系于金融界尤重且大，苟非利用分工之法，必至杂沓纷纭，漫无秩序，此银行办理事务所以必须分课也。然分课之法，随在不同，要须视事务之繁简、规模之大小，酌量增损，方为妥善。否则，分课过繁，冗员多而耗费重；分课过简，事务废而办事迟，均非所宜。故就实际而言，分课之法，各有不同。今举本校银行实践之分课法如下。

经理人兼庶务课：掌全行一切事务及购置修理器具用品，支付行员薪水杂用，保管物品及本行股本等事务。

收支课：掌现银行之出入及票据交换、兑换银钱等事务。

存款课：掌各种存款往来、存款透支及本地代收票等事务。

放款课：掌放款及汇票、期票、货物押汇票之贴现及担保品出纳等事务。

汇兑课：掌汇票之收付、外地代收票等事务。

会计课：掌记录总清凭条、报告单及利子贴现费之复核，与夫全体损益计算等事务。

二、各课所管之账簿

银行交易自其目的物观之，不外货币，而自交易之性质观之，则参互错综，种类繁多，绝非少数账簿所能整理周密者，故银行簿记种类之多，亦非商业簿记所能比。兹将各课所管之账簿述之如下，至于簿记之记入法，则属簿记学研究之范围，本篇则从略焉。

（1）经理人兼庶务课所管之账簿如下：

①收款期日账。②付款期日账。③股份总清。④股单存根账。⑤红利金记入账。⑥杂费细账。⑦所有物明细账。⑧公债票卖买账。⑨保护藏品记入账。

（2）收支课所管之账簿如下：

①收入账。②支出账。③他行支票票据记入账。④现存币数表。

（3）存款课所管之账簿如下：

①往来存款总清。②随时存款总清。③往来存款余额账。④保证支票记入账。⑤异地保证支票入账。⑥定期存款记入账。⑦杂项存款记入账。⑧随时存款余额账。⑨存款票记入账。⑩本地代收票据记入账。⑪异地代收票据记入账。⑫通知存款记入账。

（4）放款课所管之账簿如下：

①放款总清。②各票贴现总清。③存出款总清。④放款余额账。⑤放款记入账。⑥贴现票余额账。⑦本地贴现票记入账。⑧异地贴现票记入账。⑨附担保品贴现票记入账。⑩再贴现票记入账。⑪货物押汇票记入账。⑫担保品记入账。

（5）汇兑课所管之账簿如下：

①汇票记入账。②应付汇票记入账。③代收货物押汇票记入账。④他分行往来总清。⑤他分行托收票据记入账。⑥汇兑利息计算表。

（6）会计课所管之账簿如下

①日记账。②各项总清。③日记表。④月计表。

以上所述之各种账簿，要可分为二类，一主要簿，即会计课所管之日记账及总清账，毕载银行交易之全部，举凡银行之资产负债以及利益损失，据此可知，且据此而核算者也；二辅助簿，又可分为表示银钱出入之账簿（收入支出账），表示各户对于本行之贷借之账簿（各补助总清及各记入账），表示各种款项之余数之账簿（收付期日账）等是也。

三、各课所用之书类

银行事务之重要已为一般所共知，苟一言一语，即可成立交易，则奸狯之徒，乘机扰乱，金融界将大受其影响矣。故业银行者必须审慎从事，虽一言一语之微，亦须以文字作证，此银行书类之所由发生也。然书类之种类及书类之形式，除法定外，各银行间微有不同，兹举本校银行实践室所用之书类名目述之如下。至书类之形式，因限于篇幅，不克登载，祈谅之。

（1）经理人兼庶务课所用之书类如下：

①不封缄保护藏品规则。②封缄保护藏品规则。③保护藏品请托书。④保护藏品证书。⑤保护藏品继续请托书。⑥保护藏品取出申明书。

（2）存款课所用之书类如下：

①往来存款规则。②往来存款透用契约。③支票用法。④往来存款透用延期契约书。⑤往来存款申明书。⑥往来存款规约。⑦印鉴。⑧往来存款折。⑨支票。⑩支票受取证。⑪往来存款抵当品寄存证。⑫往来存款抵当品存入证。⑬请求支付保证书。⑭随时存款折。⑮随时存款规则。⑯随时存款收条。⑰存款票据。⑱定期存款证书。⑲定期存款申明书。⑳通知存款证书。㉑通知存款申明及印存。㉒托收款票据书。㉓托收款票据寄存证。㉔托

收款票据收讫通知书。

（3）放款课所用之书类如下：

①借款证书。②担保品处分委托书。③担保品寄存证。④担保品交换请求书。⑤借款展期证。⑥票据贴现请求单。⑦拒绝证书。⑧偿还请求书。⑨随货汇票担保证书。⑩随货抵当货物寄存证。

（4）汇兑课所用之书类如下：

①汇兑往来契约书。②汇兑往来利息契约书。③汇兑请求书。④电汇请求书。⑤汇兑收条（银行用）。⑥电汇收条（客用）。⑦他分行往款知单。⑧他分行来款回单。⑨汇兑票。

由上观之，则有所谓规则也，请托书也，证书也，申明书也，契约书也，折据也，票据，以及收条通知书也，名目繁多，似甚复杂，然于处理之际，亦有轻重之分。如证书、票据、折据等，较他种书类更为重要，填写时对于字迹、印章等尤宜注意也。

四、各课办理事务之手续

各课办理事务之手续对于各种交易之记账顺序颇有关系，兹说明其大略如左。

（一）经理人兼庶务课之事务

1.营业前之事务

（1）检查收款付款之期日账，如有本埠满期，或外埠将届满期之款项，须通告各关系课。

（2）将上日之日记表或月记表与各项总清账该科目之余数一一对照。

（3）受各课之报告，购置修理器具用品。

2.营业中之事务

（1）将存款、放款等课所发生之定期存款及放款等记入于期日账。

（2）将各课所发各种付款一部付款及开始交易之凭条逐一盖印。

（3）将银行所发票据收条、存款证书及其他须用银行名之文书逐一加盖行印。

（4）与他行开始交易时，须于汇兑往来契约书及汇兑往来利息契约书上填注一切，交付对手行，同时即受对手行之契约书，交于汇兑课，使于他分行往来总清上填该行名之名目（分来去二账），并记入契约上一切事项后返还。

（5）购置修理器具用品而欲支付现银时，须开一付款凭条，并记入杂费细账或所有物明细账，将凭条交于收支课，向收支课取款。

（6）发行股票于股东时，使其呈出最初交与之缴入金领收证，与之交换，而始交与股票半期结算后，经股东会之决议，分配金已确定时，若股东来行提取时，书成一放款凭条交于收支课，请其付款。

（7）接到保管物之申告时，使存主入记必要事项于保护藏品请托书，与物品一同收入，计算保管费，书成收入凭条交于收支课，使其交纳现金，由收支课于凭条上盖收讫印章送还后，与保护藏品证书一同呈请经理盖印，始交付于存主，记入于保护藏品记入账。到期而申请返还时，先使存主书受取裹书于保护藏品证书，再于簿记上记入返还讫之字样，保护藏品证书上盖印，然后取出物品，交于存主，证书盖一注销印而保存之。

3.营业后之事务

监察各课之事务，就中帮理会计课，且查察整顿行内之账簿、器具等。

（二）收支课之事务

1.营业前之事务

（1）检查现银与上日收入账之余额相比照。

（2）现存余额若预料不敷本日之支付时，可至存放银行提取存款，由放款课交来一收款凭条，迨现银提到，则记入于收入账凭条返还放款课。若过多，亦须酌量存入存放银行，由放款课出一付款凭条。

2.营业中之事务

（1）检查由顾客领受现金与收款凭条上之金额符合否，若核对无误，则于凭条上盖收讫之印章，并记入于收入账后，发还此凭条于发行课，交号牌于顾客。若受人之款项中有他行付之支票票据时，则须记入他分行支票票据记入账，将交换所加盟银行之一部分付交换所，余则宜向支付银行收受现金。

（2）从各课所发付款凭条，先检查经理之盖印与否，先记入于支出账，后支付现银与受取人，再于凭条上盖付讫之印章，转送于会计课，交号牌于顾客。

3.营业后之事务

结算收入账及支出账，且计算现银，双方对合之后，记入现存币数表，送呈经理人察阅后，仍带回原课，并将收支数目报告会计课。

（三）存款课之事务

1.营业前之事务

（1）检查需用书类用品，如有不足，即行向庶务课领取。

（2）查阅上日之记账。

2.营业中之事务

（1）往来存款之交易者，当开始交易时，宜调查其身份、信用等，得经理之许可后，始可与之交易，先使顾客填写往来存款申明书及印鉴票。如存入之款项为现银时，作一收款凭条，宜以各主务课发送之转账凭条为据，记入于往来存款总清；往来存款折及支票簿与凭条，请经理盖印后，折与支票簿交付顾客。如欲结透支契约或透支延期契约，则须与之订往来存款透用契约或往来存款透用延期契约书（由顾客填），银行于该客户账上记透支事项。又以支票来行提取款项时，宜先检查其印鉴笔迹，然后记入其支付额于总清，再于凭条上盖印，并请经理盖印，送之于收支课，号牌交与顾客。支票而遇请求支付保证时，先使填写请求支付保证书，再作一转账凭条，由出票者之存余额扣除其金额于往来存款总清，转记于支付保证位置下，并须于保证支票记入账（或异地）记入支票上盖一支付保证之印，返还存主。

（2）接到随时存款之申告（印鉴票）时，先书收款凭条，交于收支课，使其付纳现银，由收支课于凭条上盖收讫印章送还后，记入于随时存款总清，并书就存簿与凭条呈经理，请其盖印，存簿交付存主。提款时，先使存主呈出存簿，再书付款凭条，记入于存簿及随时存款总清，对照双方之余额，又呈请经理盖印后，凭条发送收支课，号牌交与顾客。

（3）接到定期存款之申告时，先书成收款凭条，交于收支课，由收支课于凭条上盖收讫印章送还后，记入于定期存款记入账，书成一定期存款证书与凭条，共呈经理，请其盖印，交与存主。到期而存主来行请求付款时，先使存主书提取本利裏书于证书后面，书成一本利银之付款凭条，在定期存款记入账记入付讫文字，再将凭条及证书请经理盖印，凭条送于收支课，号牌交与顾客，使向收支课收款证书盖一消去印而保存之。

（4）受存主之委托开一存款票，先书成收款凭票，交于收支课，收纳现银，盖收讫印送还后，记入于存款票记入账，并书成一存款票与凭条，呈请经理盖印，存款票交与存主。如存主向银行来提取时，先使存主呈出存款票，作一放款凭条，交于收支课，号牌交与顾客，在存款票记入账记入凭条盖一收讫印后，存款票消去之。

（5）受通知存款之申告时，先书成收款凭条交于收支课，盖收讫之印章送还后，记入于通知存款记入账，并书成通知存款证书与凭条，呈请经理盖印，证书交与存主。如提款时，须经前项之手续。

（6）收受本地付或异地付之代收票据之请求时，书成托收款票据寄存证与票据，共呈经理盖印，寄存证交与托收票据者，票据记入于代收票据记入账，并保存之。由此等收入票据并由他行寄来之托收票据，从支付期日之顺序，整理保存之。异地付之票据，尤须区别其支付地，书就代理裹书，呈经理盖印，转送于汇兑课，发送于收款地之银行（或分行）。到期后，本地付票据。去收款时，先书就受取之裹书，请经理盖印，派行员往收。倘为交换所组合银行支付者，须交收支课交换所。款项归还后，有往来存款交易之顾客所托收部分，收入往来存款之存入金。其余部分作为杂项存款，书一收款凭条，送于收支课，盖受入讫之银行后，呈请经理，请其盖印送还后，向托收者发托收款票据、收讫通知书。由他行分行托收之票据收归时，书成收款凭条，转送于汇兑课，由托收票款人请求放款时，先受取先所交与之寄存证作提取存款之付款凭条，并得经理之盖印后转送收支课，请其付款。

3.营业后之事务

作成各种存款余额账，将其余额连同凭条报告会计课。

（四）放款课之事务

1.营业前之事务

（1）检查需用书类，如不足时，即向庶务课领取。

（2）查阅上日之记账。

2.营业中之事务

（1）有请求借款之申告时，先精密考查借主之信用，担保物之性质、数量、价额、保证人及期限等，若认为适当时，请经理许可，并定其金额，始交付信用金、证书、担保品、处分委托书，使各记入盖印后，呈出各书类及担保品，书一付款凭条，记入于放款总清。放款记入账，担保品记入账，担保品保存之。担保品寄存证与凭条，呈请经理盖印，凭条送于收支课，寄存证交与借主。如借金欲展期时，亦须经理许可，始交付借款展期证书，使记入盖印后呈出，记入于放款记入账。如系易票展期，则放款总清亦记入。如担保品欲交换时，亦须精密考查担保品之性质、数量、债额、价额，始交付担保品，交换请求书，使记入盖印后，与新担保品同交入，而旧担保品始交付，记入于担保品记入账。到期来返还放款之本利时，先书一收款凭条交于收支课，由收支课于凭条上盖收讫印章送还后，记入于放款总清，及放款记入账，担保品寄存证收回，并盖退还印保存之，同时亦交付担保品、借金证书，及担保品处分委托书。如系展期者，并有借金展期证书。

（2）接到各票贴现之请求时，先调查票据关系人之信用，鉴别票据之正否。若认为适当时，请经理许可，再使请求者裹书票据，计算其贴现费，书一转账凭条，记入于各票贴现总清及各票贴现记入账。凭条、票据请经理盖印，记入于期日账而送于收支课，号牌交与顾客。若净余金转入请求者往来存款时，将凭条转送存款课，票据编就号数，整理期日而保存之，票据到期后，请经理书受取裹书。若此票据之付款须在付款者之住所，则交行员向该住所收归。若付款者为组合银行，而有指定付款场所者，交于收支课，付交换所，收归讫，接到收款凭条后，记入于各票贴现总清及各票贴现记入账，凭条呈送经理盖印，并记入于期日账后返还。若为异地贴现票时，则于满期日相当日前书入代理裹书，呈请经理盖印，交于汇兑课，使发送于付款地之银行，俟后日接到款已收归之通知时，由汇兑课收到转账凭条，据此凭条而记入于贴现总清及贴现票记入账。

（3）受收支课之通知，如现存银太多，欲存款于存放银行时，作一付款凭条，记入于存出款总清，凭条转送收支课，使付现银于存放银行，凭条盖付讫印返还。如现存银预料不敷应用，欲向存放银行提款时，则作一收款凭条，转送收支课，使向存放银行提款，凭条盖收讫印送还后，记入于存储款总清。

（4）接到随货汇票贴现之请求，先使其填写随货汇票单、保证书，连同提单、保险单、汇票交入后，作成转账凭条，并记入贴现总清、贴现票记入账及押汇票记入账后，凭条送至收支课，请求付款，号牌交与顾客，押汇票、提单、保险单等，送至汇兑课。

3.营业后之事务

作成放款及贴现余额帐，将其余数连同凭条报告会计课。

（五）汇兑课之事务

1.营业前之事务

（1）查阅他分行寄来之知单及回单。有汇票发寄之通知时，先做成凭条，记入应付汇票记入账及他分行往来总清之来款账，凭条与知单共呈经理，请其查察，知单送汇兑课。有他分行托取票据之通知时，不做凭条，记入他分行托取票据记入账，及他分行往来总清之来款账，附属之票据与知单共呈经理，俟收款期日账记入后，仍交于汇兑课，使其保存。有存款票或保证支票等垫款之通知时，先做成凭条，记入他分行往来总清之往款账或来款账（并记利息起算日），知单送交存款课，记入关系账簿后，连同票据呈送经理人察阅，知单还汇兑课，票据还存款课，使其保存，并须同时做回单，覆该他分行。有汇兑票代付之通知时，不做凭条，记他分行往来总清之往款账之利息起算日，及汇票记入账之后方。有代取票据收讫之通知时，先做成凭条，记入他分行往来总清之往款账之利息起算日，即将回单送交放款课，按该票据之种类记入外埠贴现账或外埠代取账，再呈送经理人，记入期日账后，回单还汇兑课。有收到存款票或保证支票等票据之通知时，不做凭条，记入他分行往来总清之来款账之利息起算日。

（2）汇兑课由经理人处接到他分行托取票据届期之通知时，即以该票据送交收款员（属放款课）。

2.营业中之事务

（1）接到汇兑请求书，先书成汇款金额及手书数料之收款凭条，交收支课，使纳现金于收支课，由收支课于凭条上盖收讫印章送还后，书成汇兑票，并记入于汇票记入账及他分行往来总清，凭条与汇兑票均请经理盖印。汇兑票之验兑单交与汇款者，验解单保存至营业终后，寄至他分行，票根及请求书保存之。

（2）接到应付汇票之验兑单请求付款时，先收受其票据，于应付汇票记入账上记入支付讫之文字及他分行往来总清之利息起算日后，书成付款凭条连同验兑单请经理盖印，转送于收支课付款，号牌交与顾客。

（3）收到电汇请求书时，检明汇款金额，书成电报后，与之计算手书数料及电报费，但银行间有密码，故向顾客所收支电报费恒较实际为多。其所多收之电报费，恒以杂益名之，书成收款凭条交与收支课，于凭条上盖收入讫之印章送还后，书成电汇收条，并赤记于汇票记入账及他分行往来总清。电报收条与凭条共请经理盖印，收条交与请求者，电报立即送至电报局。若收到他分行拍来之电报，则做成转账凭条，记入他分行往来总清之来账，并赤记应付汇票记入账。若顾客持来电报请求支付，先使书成电汇收条，后做成放款凭条，送至收支课放款，号牌交与顾客。

（4）接到放款课之外埠先贴票，即存款课之外埠代收票，或存款票支付保证支票托人或代人支付之通知时，记入于他分行往来总清，票据保存至营业终了后，发送至他分行。

3.营业后之事务

（1）关于汇票须作成知单，连同验解单送往他分行。

（2）关于应付汇票已付讫时，作成回单，连同验兑单发送他分行。

（3）关于外埠代收票、贴现票、押汇票，作成知单，连同票据发送他分行。

（4）关于托收之票据已收讫，作成回单发送他分行。

（5）关于本行存款票或支付保证支票，须作成知单送他分行。

（6）关于他分行存款票及支付保证支票已付讫，作成回单送他分行。

（六）会计课之事务

1.营业前之事务

（1）按上日之日记账转入各项总清后，且核对各课送来之报告书余数。

（2）做成日记表或月记表。

2.营业后之事务

掌管主要簿之记入，计算由各课转送之各种凭条，先检查其是否经过关系各课，然后就凭条种类排写号次，本此凭条，一一记入于日记账。其结果如与收支课现金出入额之报告相符，则结算之，所有凭条则用纸包封，外书年月日而保存之。（录自第五期）

田庆霓

黄子美先生银行经历谈

　　黄先生前任中国银行总稽核，现派往欧洲调查银行情形，预备在欧设立中国银行分行，此次便道过杭，承史先生绍介，来校演讲，崇论宏议，颇足为吾商校同学作一指南，爰记录之，以分享我校友诸君。惟真义遗漏，在所不免，尚祈诸同学有以补缀之。

　　鄙人与贵校教职员及毕业生或有同学之情，或有同事之谊，故与贵校早有间接关系，今承史君（系指本校商科主任史久衡先生）介绍，得与诸君共话一堂，其乐何极。惟银行一业，学理深奥，鄙人虽云经营有年，而自量所得无多，未足以供诸君顾问，野人献曝，聊资参考，一助云尔。

　　鄙人一过去商校生耳。回忆我在校时所受得之功课，大都偏重理论而轻实践，是可毋庸讳言也。然社会上相沿袭之旧习惯，有全与理论处于对峙地位者，诸君其及知乎？故学生当初离学校生活而进身社会之过渡时代，常觉有种种困苦缠绕其所事，甚至用非所学、学非所用，既不能取信于社会，而社会公众藐视之心理、怀疑之态度，日以滋深，以为学校中学生不过尔尔。至是，我辈反身自省，亦觉从前所学，诚如空谈无补，然仅服从心挚，不善用其脑力做彻底之研究，则亦无益。须知思想之变化、科学之革新、技术之进步，本无止境，安能绳以一得之见，即为此事而彼非乎？诸君在校时宜常注意接近社会手段，以为将来实地改革之预备，且我国银行一业尚在萌芽时期，事实与理论往往大相悖谬，为诸君所及知者。兹就鄙人经历所得，一为诸君告。

一、记账

簿记本吾商校生所最熟练者也，然仅以讲授所得，欲应用于社会，则殊形困难，良以目今我国币制紊乱异常，未能依法统一。即仅就东三省而言，市上流行之通货多至十五种，内地各省虽不若是之甚，而纷乱无制则一也。故标金价格涨落无定，而兑换上之结果，影响于出入总数，一日相较，其差额竟至有数十元，或数百元之巨者。此银行中日见之事也，使商校学生不明兑换情形，墨守课堂所得之固定记账法，以为所学即所用，将见斯时势难着笔，穷于应付。故诸君在校时，当注意逐日报载之金市，而于实践之际，再加以研究，则不特社会上兑换情形可因此明了，即他日记账，亦较便利。盖商人阅报在考察商情，犹军政人之注目专电，吾商校学生既欲于商业上有所发展，对于金钱市价之涨落，自宜加以特别注意也。现我国银行记账率以本位货币为标准，故借贷双方均加本位货币一栏，此又吾商校学生所未习知也。而银行逐日库存之实数，与账上银数尤难吻合，此即上述之兑换结果，故中国银行现加兑换日记账，以资补救。此二者，又吾商校学生所未学者也。今社会上人士以商业学生多难实际应用，深恶而摒绝之，诸君身为商校生，当益自奋勉，一雪此言也可。

二、传票

亦称凭条，可分收款、付款、转账三种，乃记账之根据也。收款与付款传票，手续简单，毋庸赘述。惟转账传票，吾侪曾研究得一法，即传票既以现金为主体，则借贷双方科目之银数，自无相等之必要，故吾侪尽可将转账传票借贷之间加以骑缝，迨记账之时，撕分为二，以其借方作为收款传票，贷方作为付款传票，变更其形式而保存其性质，庶免实收支与转账混合，则记账之时较为便利。曩者，余曾东游日本，见某银行已用此项两联传票，当时余尚嗤彼为不明传票之原理，迨今思之，固大有作用在也。今日各处商校对于两联传票不特未曾试用，恐亦未知其名，吾料将来各银行必相仿用，故为诸君道之。尚有一事，即他支店账当关系发生之初，每先记假定账，以明借贷关系，待交易确实后，再记入正账，如斯记法，于原理虽属精确，而手续却嫌繁冗，但银行以利息为重，似又不得不尔。顾现今吾侪对于是项交易发生之初，即记入正账，迨接到该店回信，然后填注利息起算日，若事实或有中变，可再做账，以对消之，较为便利。此事本属记账事情，唯其基础根于传票，故于传票项内述及之。

三、支票

支票之种类繁多，其应用方法亦不一律，吾侪就课堂所得者，唯知支票之性质与钱庄之即票相似，殊不知支票之本能不在提现而在流通。盖支票之发行，无非便于往来存户，即存主委托银行代办收支，用支票可免提存现货之劳，故其效益在流通不在提现，但流通日期须不逾法定期限可耳。然而近日社会上对于支票，多不以之为流通之具，往往早出票晚提款，不但不能流通至十数日之久，即一二日之迟延亦属罕见，此亦与吾侪所学者相背也。在银行方面，对于是种情形，不能加以阻止，如阻止之，则于银行信用攸关。此种现象，非学校教授之不能合于实际，实因社会之不知应用支票之法，加以吾国种种法律之不完备，积习相沿，故与吾侪之所学相距甚远，不若外国之学行一致也。迩来上海、北京、天津、汉口等处，少数具有新学识之商家应用支票，至开票后，尚流通市面，有十数日之久，始向银行提款者，此亦银行界之一好现象也。

尤有告者，支票之性质以一见票即付为原则，然而今日一般商家对于支票上之月、日，往往填至数十日之后始准提款，不知支票上之月、日仅有发行日而无付款日，其发行日即为付款日。此种习惯，又与吾侪所学者大相径庭也。

四、贴现

即以未到期之票向银行贴取提款之谓也，中国银行称之曰购买外埠期票。我国社会上所常行之贴现，大率贴票人与银行熟识者居多，何则？银行对于票据贴现，因商家信用未孚，不甚欢迎，而相识者向之请求贴现，在银行方面，亦以情谊难却，免为贴现也。然在一二可以贴现之银行，亦必对于熟人始与以优待，往往熟人贴现只需贴现费一元，而对于不相识者乃需四五元不等，此种现象，又非吾商校生所能知矣。推其原因，由于银行对于顾客之信用，未能确实调查之故也。顾近年印花税制度实行，吾国银行赖以保护债权者亦属不少，然而他种法律尚未完备，商民受教育者又鲜，债权上之保护亦为今日之要图也。

五、汇兑

近世文化进步，事业发达，汇兑之事非仅用之内地已也。如外国汇兑，亦因时势之要求，日见繁多，顾内地汇兑，又非如吾侪在校时所得之方法而可施行者也。盖汇兑之银价，必以金融市单，而金融市单升降之权，又多操纵于钱庄中人之手，良以近今钱庄势力尚占金融界重要地位，而银行业尚幼稚，难于改革，因而有升水、去水之名，银价亦时时不同，在合算时需费种种手续，始克正确，入账之时，又须详为记载。此又为吾商校学生所未曾学也。且加以两地市上流行通货之歧异，于合算更为困难。故吾侪诚能善理内地汇兑，则国际汇兑自易着手矣。

六、印鉴

印鉴为保护存主之权利而设，故银行当顾客存款之际，必索其印鉴样式，以便提款时对照，免有顶冒撞骗之事，其保护顾客权利之法，可谓周矣。无如社会人士多不明银行事理，提款时往往不带印鉴，银行向伊索取，反以为异；即有带来者，亦时时变换，与原存银行中之样式不符，银行本其原有之意旨，势不照付。斯时若直言拒绝，则易招顾客之误会，甚或造谣惑众，致损银行名誉。故对付方法，惟有婉言解释，告以银行保护权利之苦衷，俾依照银行办理，然彼心中犹不为然，惟须提款，只得勉从之耳。吾侪商校生对于是项事情，皆属少见少闻，故尤当注意也。

以上所述，皆显而易见者。他若珠算之纯熟、书法之优美，皆吾侪所不可忽也。然上述各项，多属行员知识范围之内，诸君既为商校生，希望不仅止于行员，当企为他日之银行家，为母校生色，为中华增光。然银行家非仅知簿记而已，当备悉银行事务学理，兼具商业上普通知识。如杭地以丝、茶为大宗，为杭地银行家者，当详悉其出处、销路及性质与储藏方法，藉以默察流通资金之倾向，调剂方法尤当了然于胸。如以货物抵押者，则与货船、堆栈有重大之关系，故货船、堆栈等状况又当深知。押汇则与交通机关有关，如轮船、火车之定章若何，亦宜明晰。银行对于押汇人之无保险单者，当知照其保险，则更不得不知其情形。诸如此等，皆银行家之学识也，但吾侪学生，须先为行员，然后进而为银行家，被人用而后用人，则对于银行一业，其庶几矣。（录自第五期）

陆国骅、徐　灏

校
闻

本校加入浙江中等学校第一次联合运动会纪略

民国五年十一月，吾浙中等各学校在杭垣梅东高桥开第一次联合运动会，计与会者三十校，与会学生共两千七百六十人。本校学生一百七十余人，全体与会，其加入竞技运动者计四十三人。

开会三日，所有竞技运动共十八种，本校学生加入者计十四种；各校团体运动共二十余种，本校学生加入者计五种。运动之结果，本校本科二年级生俞君乃赓四百四十码赛跑决赛列第一，得分数三分；二百二十码赛跑、一百码赛跑及障碍竞走，决赛均列第二，各得分数二分；计共得分数九分。以田径赛运动总比较，俞君列全会第一，由会长吕公公望奖给特等奖状一纸，并得金质奖章一枚、银质奖章三枚，暨奖品若干种。本校本科一年级生赵升全君，远距离赛跑列第三，得铜质奖章一枚，暨奖品数种。本校团体运动得分数五分，奖状五纸。以竞技运动与团体运动合并比较，则本校成绩列全会第四，得分数十五分。

本校教职员以此次学生中有运动成绩优良者，乃特赠物品，以作纪念而资奖励，在礼堂开会，由来宾李植藩先生（联合运动会评判部主干）暨校长、教职员先后致劝勉词。首由李先生以运动器具特赠俞君乃赓，次由教职员公赠俞君纪念银杯一个，又以纪念笺分赠全体学生。校长亦另以纪念品加赠俞君及赵君升全。（录自第二期）

亶庵

追悼前校长郑岱生先生纪事

前校长郑岱生先生，于前清宣统三年创办本校，其时本校尚未归省立，经费支绌，郑公悉心筹垫，具费苦心。民国元年二月，辞退本校职务，专任省立女子师范学校校长。民国五年七月，因病溘逝。本校同人以郑公为创设本校之人，且其道德学问，尤素所钦仰，闻耗不胜惋惜，乃于九月廿三日，特在本校礼堂开会追悼。是日，到会者除全体教职员、学生外，有来宾及前教职员、毕业生若干人。首由周校长致追悼词，次由教员范君效文述郑公事略，又次行礼致祭、读诔文，再次演说，末由郑公家族致谢，遂散会。（录自第二期）

臺庵

本校六周年纪念

本校原定阴历二月十五日为纪念日，自民国改用阳历后，以仍用阴历，不便记忆，乃改定阳历二月十五日为纪念日。上年以来，因春节前后准放寒假，而阳历二月十五日往往在寒假期内，遂改定每年以阳历三月十五日为本校纪念日焉。

本校创办于前清宣统三年，民国六年三月十五日为六周年纪念日，教职员谓循例举行仪式，不若利用此日做有利益、有兴趣之举动，遂定于是日开珠算、书翰两竞胜会，并举行足球比赛及余兴数种。本校年来颇注意于珠算及尺牍两项教课，且本校学生对于足球运动，亦颇注重，故举行此种竞胜比赛，对于优胜者赠以奖品，盖一则以助欢欣，一则以资策励也。

上午九句钟，举行珠算竞胜会。各级学生携带算盘，在本教室抽签坐定，由教员命题，并发给片纸，限二十分钟以内，将各题算出答数，记于纸上，呈交监视员，汇由教员评定分数，以交卷迅速、答数正确者为优胜。十句钟，举行书翰竞胜会。各级学生仍在本教室抽签就座，由教员命题，并发给本校所用尺牍练习用纸，限三十分钟以内，依题做一信，汇由教员评定分数，以格式恰当、称谓适合、行文雅洁、书法优美者为优胜。两种竞胜会，每级各有优胜者三名至五名，即日分别揭晓。

竞胜会既毕，乃在礼堂作余兴。首由教员数人合奏吾国鼓乐，次为史教员谦孙之笑谈，又次为吴毅丞、范允之两教员合奏琵琶洞箫，又独弹琵琶数曲。

下午，各级学生在操场比赛足球，各级选出一组，由陈教员云扉评判。比赛之结果，本科二年级之一组占优胜。

足球比赛毕，教职员、学生全体在操场摄影，以作纪念。

摄影毕，复在礼堂作余兴，由陈教员云扉演种种魔术。演毕，天已昏黑矣。（录自第二期）

亹　庵

校友会大会纪事

民国五年九月二十八日下午，本校校友会开第四次大会，报告提议毕，照章改选职员。兹将职员名单开列于下：

正会长：周季纶（照章由校长任之）。

副会长：吴毅丞。

演说部：部长史谦孙，干事吴建猷、叶倬、沈又、曹丙源。

杂志部：部长范效文、范允之，干事顾鸿烈、沈一阳、朱起虬、吴兴祖、章埏、赵颂泰。

足球部：部长陈云扉，干事朱彬、俞乃赓、钱兆良、杨煜德。

庭球部：部长叶友声，干事王厚培、陈烈英、王文纲、王百龄。

书记：吴均福。

会计：姚明孙（照章由校长委托）。

民国六年三月二十二日下午，开第五次校友大会，报告毕后，照章改选职员。兹将职员名单开列于下：

正会长：周季纶。

副会长：吴毅丞。

演说部：部长史谦孙，干事叶倬、沈又、吴兴祖、曹丙源。

杂志部：部长范效文、范允之，干事章埏、顾鸿烈、沈一阳、周籀、赵颂泰、朱起虬。

庭球部：部长明思德，干事吴建猷、陈烈英、王文纲、王百龄。

足球部：部长陈云扉，干事朱彬、俞乃赓、钱兆良、杨煜德。

书记：吴均福。

会计：姚明孙。（录自第二期）

　　　　　　　　　　　　　　　　　　　　　　　　曡　庵

旅行苏州纪略

民国六年四月，本校教职员、学生一百五十余人，赴苏州旅行，是为本校第二次旅行。盖去年四月赴绍兴兰亭、禹陵等处为第一次旅行也。

四月十二日上午十一时，在操扬整队出发，步行赴拱宸桥，下午三时，乘小汽船赴苏。十三日下午，抵阊门，登陆，赴留园游览，游毕回舟，夜间即宿舟中。十四日上午，参观第一师范学校、第二工业学校及医药专门学校，旋往游沧浪亭，游毕回舟。下午自由游览各处，夜仍住舟中。十五日上午，往游虎丘，午刻回舟。下午，赴留园摄影，以作纪念；既毕还舟，即解缆返浙。十六日下午四时抵拱埠，登陆步行，七时许归校。计往返共五日。

（录自第二期）

罱 庵

本学年课外运动比赛

本校课外运动,足球、网球均定于学年终了时比赛一次。民国六年六月,由陈教员云扉定期监视比赛,并评判胜负。网球复式比赛优胜者为寿廷翰、徐荫昌,单式比赛优胜者为寿廷翰。足球比赛优胜者为俞乃赓、赵升全、朱彬、钱兆良、寿廷翰、徐荫昌等十一人。当由校友会赠给金质、银质优胜奖章共十四枚,以示鼓励。(录自第二期)

壹庵

举行本科第四次毕业式纪略

本校第四班本科修业期满，于民国六年六月二十四日上午举行毕业式。是日，齐省长、沈政务厅长、王道尹、胡运使均派代表莅校，来宾有私立法校校长阮荀伯先生、公立法校校长张羽生先生、体育学校校长王卓夫先生、蚕校校长朱文园先生等十余人。首由校长报告，并授予证书。次由官长、来宾、教职员先后致训词。行礼毕，乃摄影以留纪念。所有毕业名单如下：

甲等三名：章埏、沈一阳、周籕。

乙等十三名：周兆鉴、金荣泰、郭念寅、朱起虬、郑孝年、周延棠、赵奉璋、周铭兴、吴郁、郭人验、叶倬、赵怀德、郭念东。

丙等十名：周永衔、朱光、张葆霖、俞谦、王百龄、朱时敏、傅良、魏承铨、郦志超、查良治。

本校开办迄今，本科毕业者共有一百三十三人矣。（录自第二期）

叠　盒

校友会第六次大会纪事

民国六年九月十三日下午，本校校友会开第六次大会，顺序如下：

①振铃开会。

②会长报告经过事项。

③会计报告收支款目。

④改选职员。

除正会长照章由校长周季纶君充任外，选定职员如下：

副会长：吴毅丞。

演说部：部长张佐时，干事沈又、曹丙源、吴兴祖、田庆霓。

杂志部：部长中文股范效文，英文股范允之，干事何荧、赵颂泰、朱景熹、顾鸿烈、郭东元、张元。

足球部：部长陈云扉，干事俞乃赓、朱彬、杨煜德、钱兆良。

庭球部：部长明思德，干事寿廷翰、沈祖兴、徐荫昌、吴建猷。

书记：吴君复。

会计：姚明孙。

⑤提议事件。

议决添设庶务一人，由会长委托本校庶务沈干卿君担任。会友常年费改为每年半元。

⑥闭会。

（录自第三期）

稽山樵隐

本校七周年纪念

本校创办于前清宣统三年，民国七年三月十五日为七周年纪念日，乃利用此日作锻炼身体，裨益学艺之举，并作下次开联合运动会之预备。

是日上午，仍照上年举行珠算、改文、算术等竞胜会；下午则在本校操场开运动会，均对于优胜者赠与奖品，以资策励，而助兴趣焉。

上午八时，先由教员数人合奏吾国鼓乐，洋洋盈耳。八时半，举行珠算竞胜会，各级学生携带算盘，在本教室抽签坐定，由教员命题，并发给片纸，限一刻钟算出答数，记于纸上，以交卷迅速、答数正确为优胜。本科三年级优胜者为王载彤、俞乃赓、寿廷翰，二年级为张元、田庆霓、陆维圻，一年级为陈麟禧、张裕荣、金奎刚，预科为陆国骅、张景皓、叶志清。

九时，举行英语背诵会。仅限于三年级生，以声音爽朗、迅速无讹者为优胜。结果第一为汪龙玉，第二钱兆良，第三寿廷翰，第四徐荫昌。

十时，举行改文竞胜会，各级学生仍在本教室抽签坐定，发给故意错误之文稿，限三十分钟改正之，抄入别纸，以书法端正、行文顺适为优胜。本科三年级优胜者为冯敬、金殿纲、吴观澜，二年级为沈又、陆维圻、何荣，一年级为朱景熹、黄炳炎、张棩鹏，预科为黄旭初、璩世杰、张景皓。

十一时，举行笔算竞胜会。限三十分钟，题为二九三除一，以商之位数最多而无误者为优胜。本科三年级优胜者为董秉礼、王载彤、寿廷翰，二年级为朱章、刘清炎、席鹏，一年级为陈麟禧、金棣昌、王祖修，预科为陆国骅、金钟灵、璩世杰。

下午一时开运动会。

①排教练。

②武装竞走。优胜者为郭东元、俞乃赓、沈又。

③二百二十码赛跑。计分四组：第一组优胜者为徐荫昌、寿廷翰、陈永承，第二组为郭东元、金殿纲、沈又，第三组为俞乃赓、朱彬、刘大勋，第四组为赵升全、孙浙瑾、徐德生。

④掷铁球。最远三十英尺，优胜者为赵升全、徐荫昌、钱兆良。

⑤柔术教员周公竞先生演拳术及棒术，技极娴稳。

⑥四百四十码赛跑。计分两组：第一组优胜者为钱祖杰、杨煜德、徐德生，第二组为俞乃赓、陈永承、金殿纲。

⑦教职员一百十码竞走。优胜者为明思德先生、夏约文先生、李维岩先生。

⑧网引。运动时，先后共摄影四张，以作纪念。

五时半，教员吴毅丞、范允之、史谦孙、叶友声诸先生在礼堂合奏琵琶、笙箫、胡琴。

七时，给奖。既毕，乃由教员、学生在礼堂演种种魔术。散会时钟鸣九下矣。（录自第三期）①

---

①此文底本无作者，下同。

本校加入浙江中等学校第二次联合运动会纪事

民国七年四月一日至三日，吾浙中等各学校在杭垣钱塘门内大操场开第二次联合运动会，计与会者三十九校，与会学生三千六百八十四人。本校学生一百七十余人全体赴会。其田径赛运动共十五种，因限于会章，每种类、每学校只准有选手二人，本校加入者七种十一人。团体运动，本校加入者五种。运动之结果，本校本科三年级生俞君乃赓障碍竞走及一百码赛跑、低栏竞走，决赛均第一，各得分数三分；二百二十码赛跑决赛列第二，得二分；四百四十码赛跑决赛列第三，得一分；计共得十二分。以田径赛运动选手总比较，本校列第三，得银质大奖章一块。个人总比较，俞君列全会第一，由会长奖给金质奖章一枚、银质奖章一枚，暨奖品若干种。本校团体成绩列乙等者一、丙等三、丁等一，得运动成绩证一纸，奖品若干种。

本校教职员以俞君乃赓在第一次联合运动会曾列田径赛总比较第一，此次田径赛个人总比较又列第一，特制银质磬牌，在礼堂开会赠给，并致辞勉励，校长另赠银质花瓶一座。又以纪念笺分赠全体学生，以留纪念而资鼓励。

此次联合运动会，本校校友会在会场东隅设立贩卖所，一切职务由干事及会员分别担任，三日计得盈余若干元，非敢曰利，聊使学生练习勤劳云尔。

（录自第三期）

校友会第七次大会纪事

民国七年四月十一日下午，本校校友会开第七次大会，报告毕，照章改选职员。兹将职员名单开列于下：

正会长：周季纶。

副会长：吴毅丞。

演说部：部长史久衡，干事沈又、田庆霓、吴建猷、曹丙源。

杂志部：部长国文股范效文、英文股胡孟嘉，干事何荣、赵颂泰、朱景熹、张景皓、黄炳炎、张元。

足球部：部长陈云扉，干事俞乃赓、朱彬、杨煜德、钱兆良。

庭球部：部长夏约文，干事寿廷翰、徐荫昌、陶景森、竺允斌。

书记：吴君复。

会计：姚明孙。

庶务：沈干卿。（录自第三期）

举行本科第五次毕业式

民国七年六月三十日上午，本校举行本科第五次毕业式。首由校长报告成绩，并授予证书。甲等毕业生给予奖品，操行成绩最优者给予褒奖状。次由杨督军代表陈慧先生，齐省长代表冯季铭先生，伍教育厅长代表周少石先生，云实业厅长代表钮翔青先生，浙江地方实业银行行长何敬安先生，暨来宾、教职员先后致训词。行礼毕，乃摄影以留纪念。

所有毕业名单如下：

甲等六名：赵颂泰、王载彤、顾鸿烈、俞乃赓、钱肇良、俞先达。

乙等十一名：冯敬、徐荫昌、汪龙玉、朱介清、寿廷翰、郭祖荫、吴兴祖、董秉礼、钱祖杰、金殿纲、蔡宗孟。

丙等十七名：郭维瑜、徐德生、俞元斌、吴观澜、孙浙瑾、陈永承、杨奎维、陈耀祖、胡为勤、蒋金丰、陈光瑞、沈祖恩、余光莹、张祖杰、邵其彬、陈烈英、吴建猷。（录自第三期）

校友会第八次大会纪事

民国七年九月十一日，本校校友会开第八次大会，由校长报告经过事项，会计报告收支款目毕，提议杂志部添设科学股一人，经众议决外，照章改选议员。兹将选定职员名单开列于左：

正会长：李维岩（照章由校长任之）。

副会长：周季纶。

演说部：部长张佐时，干事沈义、田庆霓、陈宝法、钱万成。

杂志部：部长中文朱电尘、科学吴毅丞、英文范允之，干事何荣、张元、朱景熹、郭东元、曹丙源、黄炳炎。

足球部：部长俞乃赓，干事杨煜德、赵升全、邢定寰、刘清炎。

庭球部：部长夏约文，干事黄铖、沈祖兴、寿襄、陶景森。

书记：吴君复。

会计：许惕时（照章由会长委托）。

（录自第四期）

七年十月旅行无锡纪略

民国七年十月，本校教职员学生一百六十余人赴无锡旅行，是为本校第三次旅行也。本校自创办以来，曾旅行二次：四年四月赴绍兴兰亭禹陵为第一次旅行，六年四月赴苏州为第二次旅行。本年春季为浙江全省中等学校开第二次联合运动会，本校全体学生与会运动，故第三次旅行时期改为秋季。

十月十二日，上午十时午餐，十一时全体员生由操场整队出发，步行至拱埠，下午三时，乘宁远单放汽船赴无锡。十三日上午，经过苏州阊门，停泊登岸，整队赴留园游览，并摄影于涵碧山庄；下午分组出发调查商情，及自由游览各处。七时返舟，开往无锡。十四日晨抵无锡，停泊东门外。是日上午，由该县教育会绍介，参观江苏省立第三师范学校，及县立乙种实业学校；下午，由商会绍介，参观商品陈列所及乾甡等丝厂，旋往游公园，及名胜各处。游毕返舟，点名就寝。十五日上午，复参观广勤等纱厂；下午，游览惠泉山，及附近名胜各处，并摄影于惠麓，以作纪念。旋返舟，解维赋归。十七日上午抵拱埠，舍舟登陆，步行入城，十一时回校。是行往返计程共六日，各员生对于调查商情，暨参观各校各厂颇多心得，各有记录，全体并注重卫生，皆极健全。（录自第四期）

本校八周年纪念

民国八年三月十五日为本校八周年纪念日，前于六年三月经教职员会议决，谓循例举行仪式，不若利用此日，作锻炼身体，裨益学艺之举，故是日仍照旧例，举行珠算、改文、算术等竞胜会，下午则在本校操场开运动会，均对于优胜者赠与奖品，以资策励。

上午八时奏乐开会，九时举行珠算竞胜会。各级学生携带算盘，在本教室抽签坐定，由教员命题，并发给纸片，限二十分钟以内，将各题算出答数，记于纸上，呈交监视员记录交卷号次，汇由教员评定分数，以交卷在先、答数正确者为优胜。兹将各级优胜者开列于下：

本科三年级田庆霓、沈义、陆文烜，本科二年级何捷、王祖修、陈麟禧，本科一年级陈光简、陈铭勋、叶志清，预科张良佐、蔡永铝、黄望曾。

九时行改文竞胜会。各级学生仍在本教室内抽签就座，由监视员发给故意错误文稿，限三十分钟改正之，抄入别纸，以书法端正、行文顺适者为优胜，汇由教员评定分数。兹将优胜者姓名开列于下：

本科三年级张元、何荣、沈义，二年级朱景熹、韩澍霖、黄炳炎，一年级金钟灵、叶锡荣、张景晧，预科朱尔昌、王绍箕、郑宝书。

十一时举行笔算竞胜会，限三十分钟。兹将优胜者开列于下：

本科三年级沈义、张家瑞、田庆霓，二年级张枞鹏、朱景熹、陈麟禧，一年级陈铭勋、陆国骅、叶志清，预科冯世范、施荫佑、蔡永铝。

下午一时举行英语背诵会。仅限于三年级生，以声音爽朗、迅速无讹者为优胜。其结果第一为何士熺，第二张元，第三沈义，第四寿襄，第五张功烈。

二时开运动会。掷铁球，优胜者黄钺、郦根敏、沈义。柔术，优胜者刘超、徐灏。一百码赛跑，优胜者张履、赵浚源、郦根敏。二百二十码竞争，优胜者高临骐、施荫佑、周孙贻。二百二十码决赛，优胜者赵浚源、黄钺、章国庆。二人三足决赛，优胜者沈义、陆寿柏、章国庆、陆翰芹、金奎刚、黄炳炎。四百四十码替换赛跑，优胜者张履、陆翰芹、叶扬、陈光简、沈义、陆寿柏、沈祖兴、刘清炎、刘大勋、郭东元、郦根敏、黄钺。算术竞走，优胜者黄炳炎、金奎刚、陈麟禧。四百四十码赛跑，优胜者张履、赵浚源、郦根敏。教职员竞走，第一夏约文先生，第二张佐时先生，第三李维岩先生。运动时先后共摄影四张，以作纪念。

竞胜会既毕，分别揭晓，赠与奖品。晚餐后，乃在礼堂作余兴。首由教职员数人合奏吾国鼓乐，次唱英文留声机器，又次为吴、范、史、许四君合奏琵琶、洞箫数曲，更次说笑谈文虎魔术，九时散会。（录自第四期）

校友会第九次大会纪事

民国八年三月二十七日下午，本校校友会开第九次大会。会长、会计报告毕，提议设立劝用国货会，选举主干一人、干事四人。主干由特别会员中选出，干事由普通会员中选出。并附设劝用国货演讲团，归演说部兼办。兹将改选职员姓名，开列于下：

正会长：李维岩。

副会长：周季纶。

演说部：部长张佐时，干事黄炳炎、朱景熹、叶倬、陆国骅。

杂志部：部长范效文、范允之、吴毅丞，干事六人：金钟灵、张景晧、李兆芳、金奎刚、韩澍霖、张栐鹏。

足球部：部长夏约文，干事陆翰芹、许文绥、叶扬、胡德懋。

庭球部：部长周公竞，干事张尔康、章国庆、杨兆熊、何宗杰。

劝用国货会：主干张云樵，干事徐灏、张宗骞、叶志清、沈廷爵。

书记：吴君复。

会计：许惕时。（录自第四期）

举行本科第六次毕业式纪略

本校第六班本科修业期满，于民国八年六月十四日举行毕业，授予证书。所有毕业名单如下：

甲等四名：郭东元、何荣、张元、沈义。

乙等十二名：田庆霓、寿襄、曹丙源、邬世明、陈宝法、黄钺、陆维圻、陆文炟、陆寿柏、席鹏、张家瑞、莫景卿。

丙等二十六名：钱万成、邢曰勋、操列笳、张功烈、刘大勋、潘之骥、钱嘉谷、刘清炎、何士熺、诸承惠、郦根敏、俞珩、沈祖兴、刘达先、孙浙瑶、陈德闾、朱樨祥、许熙亮、邢定寰、吴容、孔庆麟、朱章、姜钟麟、钱绍杭、应德施、陶景森。

本校开办迄今，本科毕业者共二百零九人矣。（录自第四期）

校友会大会纪事

民国八年十月十六日，本校校友会开第十次大会。由会长报告各部情形，会计报告收支账目毕，提议劝用国货会归入校友会内，改名为劝用国货部，并须依照该部细则，选举部长一人、干事六人；次议增加会费及劝用国货部细则，逐条通过后，照章改选职员。兹将选定职员名单开列于左：

正会长：李维岩（照章由校长任之）。

副会长：周季纶。

演说部：部长张佐时，干事黄炳炎、叶倬、陆国骅、徐灏。

杂志部：部长中文范效文、科学吴毅丞、英文范允之，干事金钟灵、朱景熹、胡兴煃、王绍箕、楼得耀、黄旭初。

庭球部：部长周公竞，干事黄望曾、张尔康、孙功炜、汪意诚。

足球部：部长陈云扉，干事陈茂绥、赵浚源、俞乃鑫、叶扬。

劝用国货部：部长张云樵，干事马世燧、陆翰芹、沈山、冯世范、张宗骞、李育琨。

书记：吴君复。

会计：许惕时（照章由会长委托）。

民国九年五月十七日下午开第十一次校友大会，报告提议毕，照章改选职员。兹将职员名单开列于下：

正会长：李维岩。

副会长：周季纶。

演说部：部长张佐时，干事蒋福林、徐灏、陆国骅、黄炳炎。

杂志部：部长范效文、吴毅丞、陈云扉，干事楼得耀、王绍箕、金钟灵、朱景熹、沈山、宗先谦。

足球部：部长夏约文，干事胡德懋、张国庆、叶扬、陆翰芹。

庭球部：部长周公竞，干事顾书农、杨兆熊、汪意诚、张尔康。

劝用国货部：部长黄知寒，干事叶锡荣、叶志清、陈敦朴、马世燧、冯世范、王祖修。

书记：吴君复。

会计：许惕时。（录自第五期）

举行本科第七次毕业式

民国九年七月一日上午，本校举行本科第七次毕业式，首由校长报告成绩，并授予毕业证书，凡学业成绩列甲等者给予奖品，操行成绩优美者给予褒奖状。次由督军代表张镜如先生、省长代表孙叔轩先生、夏教育厅厅长道尹代表董绍先先生、中医专门学校校长傅昆笙先生、体育专门学校校长王卓夫先生等十余人，暨来宾、教职员先后致训词。行礼毕，乃摄影以留纪念。所有毕业名单如下：

甲等四名：黄炳炎、金奎刚、朱景熹、李兆芳。

乙等十六名：方会沣、陈麟禧、沈廷爵、韩澍霖、王祖修、张宗骞、金棣昌、胡德懋、徐菘庭、胡国桂、陈得洽、徐葆琪、张裕荣、何宗杰、陈俊、何捷。

丙等九名：叶倬、周亿中、章鸿熹、杨兆熊、钱启壬、顾书农、吴凯、钱启明、何士镳。

本校开办迄今，本科毕业者共有二百三十八人矣。（录自第五期）

第七次毕业生送别会纪盛

民国九年七月一日下午，本校校友为第七班毕业诸君开送别会于校中，首由会长致送别词，次由史谦孙君、陈云扉君、张佐时君、张云樵君、夏约文君、黄炳炎君先后演说，大致以联络感情、不忘母校为主题，语多诚挚，欢畅莫名。是日并备茶点，会食一堂。开会毕，乃摄影以留纪念。是晚，同学中临时发起在大礼堂编演化妆演讲数幕，以助余兴。（录自第五期）

呈送展览会学生之成绩

民国九年七月，浙江教育厅组织全省学校成绩展览会，通令各校征集学生成绩。本校呈送各种成绩物品如左。

银行实践室实习账簿合订三十五册，银行簿记二十六份，二年级商业簿记三十五份，一年级商业簿记四十二份，商业算术练习簿二十五本，银行实习用账簿样本一册，计五十六种。表单样本一册，计九十五种。实习用收款凭条一本，计七百余页。付款凭条一本，计八百余页。转账凭条一本，计九百余页。定期存款证书一册，通知存款证书一册，存款票据一册。实习用银行单据一册，计四十五种。实习用汇兑票一本。银行实践室汇兑课文件一册，计十一种。放款课文件一册，计十二种。存款课文件一册，计二十六种。保管课文件一册，计六种。商业实践用文件一册，计四十八种。盐政文件样本一册，计六十一种。物产调查表一册，计二十七种。本校应用表册样本一册，计二十三种。暑假期内学生调查各县商业状况报告书二十四份，暑假期内学生日记三十七份，统计表八十八种，本校一览一张，校图一张，五国银行资本比较表一张，江苏省交通全图一张，销售华茶重要国及销售单数比较表一张，中国产棉省份比较表一张，中国皮毛七年度出口比较表一张，全国铁道里程比较表一张，中国烟叶出产比较表一张，本校毕业生就职各地人数比较表一张，讲义四十一种。国文成绩两本，计三百二十余篇。尺牍二本，计二百四十余篇。习字二三十余篇，教授日录四本，自修室日记三本，学则一本，办事及管理细则一本，校友会杂志四本，银行实习室照片二张，打字实习照片一张，本科三年级试卷一堂，二年级试卷一堂，一年级试卷一堂，预科试卷一堂。

嗣经展览成绩审查会评分数，列入甲等，由夏教育厅长给发奖状，以资褒勉。

浙江全省实业学校联合会本校之提议案

民国八年一月，浙江教育厅厅长召集全省实业学校校长在教育厅开谈话会，讨论结果，决定组织全省实业学校联合会，以调查状况、联络改进之基础，当即具案呈覆，奉令照准。遂于八年七月二十一日，开第一次联合会于省垣工校，到会者计二十校。本校之提议案件如左。①

———————

①即下文单独成篇的四篇提案。

实业学校应令学生采集乡土产品送校陈列以资参考研究案

窃思实业学校欲谋教科上之实验，不能徒托空言，须有各种物品预为搜集，以便讲授，而资考证。顾现今各校，或限于经费之支绌，或苦于采办之艰难，往往因陋就简，不能如五都之市，百物充牣，可以取求自如，亦属办学者之通病，而于商业学校为尤甚。今为实际利便起见，可令各校学生于放假期内，各就本地之产品，采取若干，径送校中陈列，以为参考研究之资料。依此行之，各地乡土物产，可以联翩而至，以供众览，不至埋没，其利一；搜罗多品，山海毕登，在校中可节省购备之经费，其利二；学生亲自搜采，对于所得物品自必非常注意，尤易促进其辨别力，其利三；学生讲授一物，即得一物之实验，可以增长无穷之知识，其利四。本案提出之理由即在于此，今并拟采集办法如下：

①物品之种类：如农产品、矿产品、水产品、畜产品、制造品，其余类推。

②商品之要项：如品名、产地、品质、价格、销路等，皆须载明。

③征集方法：先由各校主任教员将各县特产物品列为一表，指定某县学生采办某种物品，则届时四出征求，集合自易。

④采办分量：由校酌定分量，如五谷以一、二合为标准，织物以若干方寸为标准，计重者以若干钱、若干两为标准。余物仿此。

实业学校以参观调查为校外之必要课程案

今日实业学校欲参观、调查二事，鲜有关心，不知实业教育与普通教育不同。实业学校以应社会之需要，而造就实业人才为前提，故凡学生平日之研求，若仅劬学于校中，未得征验于实际，闭户造车之诮，恐不能免；且每有理论上视为完全无缺者，而施之事实反觉窒碍难行，是非由各级指派高级生做种种之参观及调查不可。例如公司之如何组织、局厂之如何办理，其经营之方、措施之序，应在在加以精密之研究，孰可为法，孰当改良，参以意见，各记录所得，报告学校，再由各校编制成册，汇送联合会，以资考查。于是学校方面得藉此以采择新确之教材，学生方面得因此而增进社会之实验，他年出而问世，断不至胶柱贻讥。此本案提出之理由也。其办法谨拟如下：

一、调查与参观之日期分两种

①星期日、例假日或课余后为学校所在地之调查与参观日期。
②寒暑假期内为各地调查与参观日期。

二、调查与参观之事项

①由主科教员预定事项及场所。

②制定各种表册程式，令学生于参观、调查时一一记载之。

③主科教员先期说明调查与参观某事之原因及要件。

④临场指示其要点。

三、参观调查后之批评

将各生所记载之事项，批评其当否，认为一种实习成绩。

四、参观调查后之编辑

将各生记载之表册择要编成报告书，缮写二份，一留校中，一送联合会。

实业学校应呈请主管官厅转令各事业机关准予选派高级学生轮流实习以资经验而图联络案

实业学校须注重于实习之一途，固为今世所公认，然空谈学理，不如目睹形式之为明了也；练习形式，尤不如具体实践之为确切也。语云："百闻不如一见。"此之谓也。盖实业教育界与实业各机关平日之所由不相联络者，殆以所处之地位不同，而接洽之机关少也。若令高级学生轮流派赴公有之各实习机关，从事练习数小时，彼此相见有素，自必水乳交融，一切隔阂猜嫌之习，当可消释于无形矣。且学生亲赴实业机关实地练习，经验日进，将来毕业之后，逆料其成绩必佳，而是等公有各实业机关，亦必乐为任用。是虽为毕业生前途出身之计，而亦教育界与实业界联络之善法也。惟各校选派学生，每周轮流亲赴公有之实业机关，实地练习，非得官厅之命令，恐各机关中人员，或惮烦琐，或生疑忌，一有推诿，其事恐未易办到。此本案提出所以必借重官厅之理由也。事关联络进行，是否应需要呈请之处，还请大会公决施行。

拟呈请主管官厅转呈农商财政各部颁发全国实业统计表册以资参考建议案

近今教育思潮渐趋向于实用主义，如教材也、教授法也，莫不屏去向时之理论空谈而采取夫实用之一途，固势使然也，然实业教育尤当以最新、最切之事实为教授材料，以灌输其真正之知识，则异日学成而归，经营实业，不至有隔膜之患；否则，徒恃旧式教本，敷衍从事，欲求达此实用之目的，是南辕而北其辙也，庸有济乎？现时我国各项统计图表尚付阙如，坊间亦鲜有善本，是以实业所关各种，如全国经济调查之事实、全国统计年表及海关贸易表册、铁路营业报告，以及航业、银行、林、渔、矿等报告表册等类，为学校参考所必需，自非请求官厅之颁给，各校苦于无从采访，并不易调查，殊为教育上一大缺憾。为此，拟由会中名义，呈请主管官厅，转呈农、商、财政、交通各部，将前项表册颁由教育厅，转发各校，以惠学生，而便考证。其于实业前途，自有莫大之效果。此本案提出之理由也。是否有当，拟请公决施行。

暑假期内学生之调查

调查为事业之基础，统计为国势之表征，顾百端统计，皆待乎精确之调查，而调查之知识技能，尤赖乎平时之培养。本校有鉴于此，爰于本年暑假期内，令各级学生，就地练习各种之调查，一可以养成学生调查之能力，二可以唤起其振兴事业之观念，三可以供学校教材之参考。特制定银行、公司及货币调查表式，令本科一、二年级生分别实地调查，并征集各生所在地之各种物品，以供参考，均限于开学时送校备核。兹举注意事项及调查表式于下：

一、注意事项

①调查表须依照本校制定表式，另纸填注（见表1、表2、表3）。

②调查表须一律用官堆纸，以裁尺长一尺、阔一尺二寸为限，不得参差。

③调查表于暑假后开学时交校保存，作为调查成绩及教授上之参考。

④调查表之成绩优美者，酌给奖品。

⑤调查表有不遵缴者，酌扣实习分数。

二、调查表式

表1 虎林公司调查表（民国九年八月二十五日二年级生陆国骅调查）

公司名称及地址				虎林，杭垣蒲场巷			
公司性质及营业种类				有限公司，专造丝织品（兼缫丝作丝绸之原料）			
开办年月及资本				民国三年五月成立，资本叁拾万元			
组织情形	分科	公务部	手织科 设计科 准备科	事务部	会计科 营运科	第一分厂	管库兼事务员 燃丝部 原动室 缫丝部
	职员	经理、协理、各部长暨工场管员等，共六十人					
设备	不动产	地基、工场屋、办公室、寝室等					
	动产	机械、丝、茧					
销售	国货	完全国货					
	外货						
	数量	每月五百匹左右，每匹长五丈					
	价值	杂色纯色缎□、三闪缎□、绒地缎□、柳条缎□、实地及亮地纱□、杂色绢□、加阔缎□、高花双衬缎□、五彩挖花纱□、柳条纱□[①]，以上均以每尺计算					
商品	种类	三闪缎、纯色缎、单闪缎、纯色缣、单闪缣、纯色绢、单闪绢、纯色纱、单闪纱、五彩纱等					
	来源	原料丝由海宁硖石、长安、德清、菱湖等处发来，茧由嵊州市等处发来					
	销路	上海、汉口、天津、广东等各处					

---

①底稿各货物名后均有单价符号，漫漶不清。

职员薪值	最高	壹百贰拾元
	最低	陆元
	平均	拾陆元
每月交易总数		四万元左右
每月开支总数		贰千余元
历年盈亏情形		民国三年亏损数千元，自四年起年有盈余数万元
备考		公司中所有工人约四百五十名

表2　鼎新公司调查表（民国九年六月二年级生陈敦朴调查）

公司名称及地址		鼎新纱厂，设在杭县拱宸桥
公司性质及营业种类		该公司之性质为股份两合公司，其营业种类分棉、纱二种
开办年月及资本		民国三年四月开办，资本一百二十万元
组织情形	分科	分总务、批发、堆栈、交际四科
	职员	职员九十余人，工人二千余人
设备	不动产	该厂房屋系向通益公司租用运厂基，计一百二十余亩，又堆栈一所
	动产	甲、租用者引擎一具，马力六百五十匹发电机一具，清花机一具，松花机二具，钢丝车八具，纱车五十四座，链子二万零六百九十八，打包机五具（四小一大），轧花机八十四座；乙、自备者引擎一具，二百五十马力浆纱机一具，外管子车六座，经纱机二具，穿口子机四架，织布机二百余架

续　表

销售	国货	纱布均完全国货
	外货	花衣中间有购用美国花衣者
	数量	每日出纱四十五箱，出布一百匹，尚不敷批发
	价值	纱每箱平均约计价洋二百二十二元（十四支纱），布每匹二元（斜纹布）
商品	种类	纱分金麒麟牌、双象牌、海潮牌、海月牌四种，布分麒麟牌、蓝象牌二种
	来源	棉花来自绍兴、平湖，花衣购自上海、通州、陕西或美国等处
	销路	纱十四支销杭属，十六支与十支运销上海；布专销杭州；唯斜纹布则分销嘉、湖等
职员薪值	最高	职员月薪最高二百四十元。工人月薪男工最高五六十元，女工最高二三十元
	最低	职员月薪最低十四元。工人月薪男工最低五六元，女工最低三四元
	平均	职员每月薪值三千余元，平均每人三十余元。工资[①]每月二万余元，平均每人十元
每月交易总数		月出纱一千二百箱、布三千匹，计交易在三十万左右
每月开支总数		二千余元
历年盈亏情形		该厂创办伊始，信用未孚，加以外货充斥，故历年仅敷开支。自去年起，骤形发达，年终结算计获利五十余万元云
备考		该厂规模宏大，此表不备载。其细情，另详于报告书中

---

① "资"，疑为"人"字之误。

表3 余姚市货币调查表（民国九年五月一年级生张宪章调查）

种别	英洋、龙洋、新币、小洋、过账洋、铜元
	中国交通、四明及上海外国银行钞票
流通最多之货币种类	英洋最多，龙洋、新币次之，钞票以中国银行为最多
银洋、银两之比价	规元壹两约值银洋一元四角零，惟规银用途甚少，悉听宁波行市
大洋、小洋铜圆之比价	大洋一元能兑小洋十一角四五十文，兑铜元一百三十余枚
国币与外国货币之比较	英洋比龙洋、新币为多，钞票中国行比外国行多
货币流通之约数	约百万元
备考	余姚习惯，无论何种买卖，均适用过账洋，如钱庄存放款项，亦非过账洋不可。姚地过账洋实为商业上之主币，若换现洋，日有升水、去水行市

征集商品及商业文件之事项

本校设立商品陈列室，搜集各地商品以供教授之研究，及学生参考之用。查室内以备之物品，均系在杭州购办，恐辗转贩运，失其正确，而于研究参考上甚不相宜，今欲使各地产物得其真相，非就各地征集不可。爰于暑假期内，令各生回籍时，将本地各种物产，采购少许，附以名称、产地、价格，送校陈列，以资参考。此外，如各商家之章程、规则、票据等，亦令其切实收集。兹将应行征集各项开列于下：

农产物：米、埋、麦、豆、茶等类约一二勺，棉、麻、丝、纱等类约三四钱。

矿产物：五金、矿石、煤、铁等类约一二块，硝矿等类约一二两。

制造品：绸布、呢绒等类每种二方寸。

水产品：食盐、鱼鲨、海参、海藻等类约三四两。

各业行规、章程、营业规则、票券单据及同行规约等各一份。

附录

《浙江省立甲种商业学校校友会杂志》序

白圭、计然，企业家类能言之，惜书阙有间，习其名每不能达其意，而海外人士反假之以遗吾国之毒。礼失求野，是社会之羞也，而吾商业学校同人实与有责焉。去年春，本校校友会成立，与会诸君时以其目所见、耳所闻、心所得者，互相讨论，集同人之意见，供课外之研究，旧学新知，深沉邃密，不独联络交谊已也。今兹本会同人，复本以文会友之义，各以其目所见、耳所闻、心所得，几经讨论而得其真者，发为文章，饷我同学；又或出其余力，旁及诗词、歌曲，以为陶泳性情之助。而范君效文，实主编辑之任，分类凡六：曰论说，曰学术，曰文艺，曰纪事，曰调查，曰杂俎，是为本会杂志之第一期。

顾自本会成立，以迄于今，才期年尔，而时局之变迁，政治之改革，与夫外界之风潮之奔腾澎湃，其影响于商业者，几有变幻不测之态。自兹以往，潮流所激，吾国商业之趋势，亦必日新月异，而岁不同。我同学诸友，本其固有之学识，济以无穷之经验，心有所得，笔之于书，惠我同人，并以供当世企业家之研究，固不独本会之幸也。是编之辑，特其嚆矢已尔。是为序。（录自第一期）

周锡经

《浙江省立甲种商业学校校友会杂志》发刊词

商校创始于清宣统三年，不妄不揣固陋，谬承讲席，与诸君朝夕过从，纵谈文艺，历史最久，以迄于今，盖五载余矣。今岁中春，校友会议纂辑杂志，征文如干首，择其尤者，分类排比，录而存之。刊既竟，不佞乃缀以芜词，贡献于会友诸君曰：文字之发扬，不过代表其意旨耳，而所以厚其团结力者，则惟恃同声同气之友。今试有物百钧，一人举之不足，数人、数十人举之，斯负之以趋矣。有草一莛，孺子折之有余，数百、数千莛，壮夫莫谁何焉。何也？力分则弱，力合则强，万事万物，类有然也，况商业乎？

不佞于商学之原理未尝涉猎，懵无所知，请以力学家之言喻之。互易不已，如滑车然，是曰转力；曲而能入，如旋螺然，是曰锐力；推之使远，如左手持弓然，是曰拒力；逆探至隐，如渔者之投饵然，是曰钩力；分剖肌理，如尖劈之斜而然，是曰析力；负荷群重，如杠杆之倚点然，是曰拧力；骤起击压，无坚不摧，如弩括机张，突矢贯革然，是曰弹力；临机立断，自残不恤，如剑锋直陷，剑身亦折然，是曰决力；不低不昂，毋令稍纵，所以居已于重也，如椎杵然，是曰偏力；不亢不卑，适剂其平，所以息物之争也，如悬衡然，是曰平力。凡此十者，其用力也愈久，其奏效也愈大。然深察其致此之由，合力为之欤？抑分力为之欤？固不待智者为知也。

会友诸君，研究有素，际此风云倏扰，运动聿新之日，出其所学，以整兴商业，安知不大有人在？不佞少文，无所发擿，窃愿吾友持之以毅力，而成之以群力。他日天各一方，出斯编以相印证，岂惟本会之光，抑亦吾浙之福也。（录自第一期）

范耀雯